Disney

Hannah Montana
La película

LA NOVELIZACIÓN

Adaptada por N. B. Grace
Basada en el guión escrito por Dan Berendsen
Basada en los personajes creados por Michael Poryes
y Rich Correll & Barry O'Brien
Productores ejecutivos: Michael Poryes, Steve Peterman
y David Blocker
Producida por Alfred Gough y Miles Millar
Dirigida por Peter Chelsom

Walt Disney Pictures

everest

Título original: *Hannah Montana. The Movie. The Junior Novel*
Traducción: Liwayway Alonso Mendoza

EDITORIAL EVEREST, S. A.
División de Licencias y Libros Singulares
Calle Manuel Tovar, 8
28034 Madrid (España)

ISBN: 978-84-441-6306-2
Depósito legal: LE. 704-2009
Printed in Spain - Impreso en España
Editorial Evergráficas, S. L.

Capítulo Primero

Incluso desde el aparcamiento se oían los cánticos que procedían del interior del estadio. «¡Hannah! ¡Hannah! ¡Hannah! ¡Hannah!» Fuera, cientos de fans de Hannah Montana se apeaban de autobuses y coches para dirigirse hacia la entrada. ¡Había llegado el momento! ¡Estaba a punto de comenzar un concierto de Hannah Montana!

Mientras el público iba llenando el estadio, el señor Stewart, mánager y padre de Hannah, estaba de pie en su camerino. Se quedó mirando el pelo largo y rubio de la estrella del pop y frunció el ceño. Algo iba mal. Algo iba muy mal...

La *peluca* de Hannah estaba en el camerino..., ¡pero faltaba Hannah!

Entretanto, la multitud que se había congregado fuera se iba poniendo cada vez más frenética. Todas las entradas estaban vendidas, pero las chicas que no tenían entradas gritaban sin parar y no pensaban rendirse.

Ni siquiera imaginaban que, aunque consiguieran entradas, quizá no verían a Hannah actuar esa noche. El motivo era que dos de las chicas que intentaban desesperadamente entrar eran Miley Stewart y su mejor amiga, Lilly Truscott.

Miley Stewart era, por supuesto, una alumna normal del instituto... Pero guardaba un secreto extraordinario: ¡también era Hannah Montana!

Sin embargo, aquello no importaba demasiado en ese momento.

—El nombre es Miley Stewart —dijo, desesperada, a la taquillera—. *Por favor.* ¡Tenemos que entrar!

—¡Nuestros nombres están en la lista! —añadió Lilly.

—Bueno, y... ¿por qué no lo habéis dicho antes? —preguntó la taquillera. Después levantó la vista al cielo—. Ni en sueños, caraduras. ¡El siguiente!

Miley y Lilly no pudieron seguir discutiendo, porque la gente que había en la cola, detrás de ellas, las apartó a un lado.

Lilly sacudió la cabeza:

—Eres la única estrella del pop que conozco que no logra entrar en su propio concierto —dijo a Miley.

Por lo general, a Miley le convenía ser Miley y Hannah a la vez. Podía ser una estrella del pop mundialmente famosa y también tener una vida de adolescente normal y amigos adolescentes normales. Pero, últimamente, guardar un secreto tan grande le resultaba cada vez más y más difícil.

De pronto, apareció un guardia de seguridad en un carrito de golf y se acercó corriendo para controlar a la multitud. Miley entornó los ojos estudiando el carrito. Se le había ocurrido una idea...

Al cabo de un instante, Miley y Lilly conducían por un pasillo, entre bastidores, hacia el camerino de Hannah.

—¡Que alguien detenga a esas chicas! —gritó el guardia que las perseguía.

—¿No puedes ir más deprisa? —preguntó Lilly a Miley.

—¡Es un carrito de golf! —le espetó Miley.

Por fin, allí estaba: ¡la puerta del camerino

de Hannah! Miley sonrió aliviada, sobre todo al ver a su padre allí de pie. Frenó con un chirrido y se lanzó hacia él, con Lilly pisándole los talones.

El señor Stewart levantó la mano cuando el guardia se acercó jadeando:

—Alto ahí —dijo—. Tranquilo. Están conmigo.

Después empujó a las chicas dentro, y allí se volvió hacia ellas con el ceño fruncido.

—Lo siento —se disculpó Miley—. Las prácticas terminaron tarde y el coche de Jackson no arrancaba, y...

—Menos explicaciones —interrumpió su padre—, y más cambiarse. No tenemos mucho tiempo.

Miley conocía aquella rutina como la palma de su mano. Se dirigió hacia la gran caja de madera llena de maquillaje que llevaba pintado el nombre de HANNAH MONTANA y la abrió. Dentro había hileras de barras de labios y sombras de ojos centelleantes, de todos los colores imaginables. Se sujetó el pelo y se quitó las zapatillas viejas y el jersey, luego se sentó delante del espejo.

Después de maquillarse, se metió un vestido corto y brillante por la cabeza y subió la cremallera de sus botas doradas de tacón alto.

Finalmente, levantó la larga peluca rubia de Hannah de su percha especial y se la puso en la cabeza.

Miley se giró para mirarse al espejo. Sonrió al ver su reflejo.

Miley Stewart, la chica corriente del instituto, se había esfumado.

En su lugar, se veía a Hannah Montana, la estrella internacional del pop. ¡Y estaba impresionante!

Al cabo de unos instantes, Miley esperaba de pie junto a su padre. Lentamente, el techo se abrió sobre sus cabezas y apareció el escenario.

Miley sonrió:

—¡Te quiero, papá! —aulló con fuerza, por encima del rugido de la multitud.

—Yo también te quiero, cariño —respondió su padre.

La maquinaria comenzó a levantar a Miley hacia los fans que la aclamaban.

—¡No olvides que te toca fregar los platos esta noche! —gritó el señor Stewart.

—Vaya, hombre —protestó Miley—. Pero si los fregué anoche...

Su padre sonrió.

—Tú eras la que quería lo mejor de los dos mundos. ¡Cuidado con la cabeza!

—Señoras y caballeros —gritó el presentador—. ¡Hannah Montana!

Hannah salió al escenario al mismo tiempo que estallaban unos fuegos artificiales y se escuchaba el cadente ritmo de su gran éxito, *Lo mejor de los dos mundos*. La multitud enloqueció y Hannah ofreció a su público todo lo que esperaba... y más.

«Desde luego, no resulta fácil ser dos personas a la vez», pensó Miley mientras cantaba y bailaba con toda su alma. Pero..., ¡en ocasiones como aquella, lo cierto es que merecía la pena!

Capítulo Segundo

Al día siguiente, Hannah seguía cantando *Lo mejor de los dos mundos*. Pero esta vez se encontraba en medio de una fiesta en la playa, haciendo sus movimientos de baile sobre la arena. Cuando llegó al final de la canción, sonrió y prolongó la última nota...

—¡Corten! —exclamó el director del más reciente vídeo musical de Hannah—. Hannah, fabuloso, como siempre. Hemos terminado, chicos. Buen trabajo.

Miley se dirigió hacia la gran tienda que le

habían instalado como camerino. Después, una vez dentro, en seguida se sentó frente a su tocador y comenzó a quitarse la peluca.

Afortunadamente, primero se miró en el espejo. ¡Un tipo de aspecto tontorrón se asomaba desde detrás del perchero!

Miley chilló.

—No. Tranquila. Lo siento —tartamudeó el tipo—. Tenía que conocerte. Prometí a mis niñas que te diría «Hola» de su parte —respiró hondo—. Hola.

Miley se quedó mirando fijamente al intruso. Llevaba unas gafas muy gruesas y tenía dientes de conejo. Su voz sonaba amistosa, incluso un poco pueblerina. Y llevaba una camiseta con una foto de sus hijas en el pecho. En general, parecía bastante inofensivo.

Por otro lado, también era cierto que se había escondido en su tienda...

El hombre sacó un trozo de papel arrugado, como si hubiera intuido que ella dudaría. Estaba lleno de notas escritas con tinta de color rosa chillón.

—Mis hijas incluso me apuntaron unas preguntas, si tienes un segundo. Ay, madre, esto es tan emocionante —sacó una cámara—. ¿Te importa?

Miley se relajó. Aquel tipo era un poco raro, pero parecía sincero.

—No —dijo—. Adelante.

Entonces una voz aguda gritó de pronto:

—¡Ni se te ocurra!

Vita, la publicista de Hannah, irrumpió en la tienda.

—Tranquila, Vita —le pidió Miley.

—De tranquila, nada —saltó Vita—. Hola, *Oswald*.

El hombre se quitó las gafas:

—Hola, Vita —dijo, esta vez con acento

británico—. Estás tan guapa como siempre.

Oswald se quitó los falsos dientes de conejo y Miley se quedó mirándolo, atónita. Sin los dientes falsos y las gafas, parecía una persona completamente distinta.

—Oswald Granger —dijo Vita a Miley—. El carroñero principal de *Bon Chic,* el periódico sensacionalista más famoso de Inglaterra.

—Y nos encantaría, pero realmente mucho, sacar en portada un reportaje sobre el fenómeno global que es Hannah Montana —añadió Oswald.

—Y cuando dice «reportaje» se refiere a «escándalo» que acabe con tu carrera —dijo Miley a Vita. Se volvió hacia Oswald—. «Chica de pueblo cuyos sueños se cumplen: millones de personas la adoran». Es lo único que hay. No conseguirás nada más. Ahora, sal de aquí.

Oswald se encogió de hombros:

—Tenía que intentarlo.

Después se marchó, dejando a Miley un tanto descolocada y con los ojos como platos.

—¡¿Cómo se te ha podido ocurrir siquiera que tuviéramos algo que esconder...?! —gritó Vita mientras él se marchaba. Después, en cuanto hubo desaparecido, Vita se volvió hacia Miley—: No ha visto nada, ¿verdad? —preguntó.

Miley movió la cabeza:

—No creo.

—Bien —la publicista suspiró—. No hables con *nadie* a no ser que yo esté a tu lado —recordó a Miley—. Yo soy tu publicista. No puedo protegerte si tú no me dejas. Para eso me contrataste, ¿recuerdas?

Miley levantó una ceja.

—Yo no te contraté. ¿Recuerdas? Fue mi compañía discográfica.

—Porque allí te quieren mucho y desean asegurarse de que todos te tratan como la superestrella que eres —respondió Vita con voz dulce. Vio un cuaderno de notas abierto sobre la mesa—. ¿Qué es eso? —preguntó.

—Nada —dijo Miley rápidamente—. No es más que una canción que estoy escribiendo.

—¿Tú sola? —preguntó Vita, sorprendida—. Es encantador, pero tienes gente para eso. Hannah, querida, tú tienes que concentrarte en hacer lo que mejor sabes hacer: cantar hasta desgañitarte, con todo tu rubio y apasionado corazón. Deja que yo me encargue de todo lo demás —lanzó a Miley una mirada significativa—. Como, por ejemplo, que tu pequeño secreto *siga* siendo un secreto.

La publicista tomó asiento mientras Miley se quitaba la peluca de Hannah.

—A veces me gustaría poder ser solo Hannah —dijo Miley hablando sola, aunque también para que Vita lo oyera.

—A mí también me gustaría —contestó Vita. Asintió hacia la puerta de la tienda—. De todas formas, jamás conseguiré sacarte de aquí como Miley. Vuelve a transformarte en Hannah, porque vamos a llevarte a casa.

Miley asintió y se puso la peluca rubia en la cabeza. Después, Vita agarró la caja de Hannah y abrió la puerta de la tienda. Había un enjambre de periodistas esperando fuera.

—¡Apartaos de nuestro camino, buitres! —gritó Vita—. Paso. Eso es, hacia un lado. Por favor, no toquéis a la estrella del pop.

Miley la siguió, dedicando a los *paparazzi* su sonrisa de Hannah.

Ni Vita ni Miley se dieron cuenta de que Oswald entraba en la tienda, como una flecha, para recuperar su cámara. No habían notado que estaba en la silla, cerca del tocador de Hannah..., ni que el botón de GRABAR estaba parpadeando. Por suerte, Vita se había sentado delante y no había parado de encenderla y apagarla sin darse cuenta, de modo que el reportero no pudo oír todo.

Oswald miró la grabación más tarde, con los ojos muy abiertos de puro éxtasis. ¡Ojalá Vita no hubiera estado sentada delante del objetivo todo el tiempo! No veía mucho, pero consiguió oír que Vita hablaba del «pequeño secreto» de Hannah Montana. ¿Pero cuál era? Tenía que enterarse.

Rápidamente llamó a su editora para darle la exclusiva.

—Habla, Ozzie —dijo—, y no me decepciones.

—Por lo visto, hay un secreto —le informó Oswald.

—¡Descúbreme ese secreto! —exclamó Lucinda, la editora—. Hannah Montana es la adolescente más famosa del mundo.

Oswald levantó la vista hacia el cielo.

—No hace falta que me lo recuerdes —dijo—. Cuando mis niñas se enteraron de que venía a entrevistarla, de pronto papá tenía un trabajo de verdad, ja, ja, ja...

En seguida se dio cuenta de que Lucinda no sc cstaba riendo.

—Tú mete la pata —le espetó—, y papá... ¡se quedará sin trabajo de ninguna clase!

Capítulo Tercero

A la semana siguiente, Miley volvió a la vida real; le tocaba centrarse en cosas como la fiesta de cumpleaños de su amiga Lilly, que cumplía dieciséis. ¡Por fin! Tenía la sensación de que llevaban toda la vida planeándolo.

—En cuanto suene la campana, hay que salir pitando —dijo Lilly a su amigo Rico en la clase de gimnasia del instituto de Seaview—. Falta más o menos un millón de cosas que preparar para mi fiesta.

—Lilly, relaaaaaaájate —dijo Rico, mientras esperaban a que los escogieran para los equipos de voleibol. Has contratado a Rico para el abastecimiento de tu dieciséis cumpleaños, y Rico siempre cumple.

En aquel instante se escuchó el nombre de Rico, y él se levantó de un salto para unirse a su equipo.

—*Tú* sales pitando, ¿no? —dijo Lilly a Miley.

Miley asintió. Entonces recordó que su hermano, Jackson, se marchaba aquella tarde a la universidad.

—Solo he quedado con mi padre y Jackson después del colegio para un último «ya te vas», y después soy toda tuya.

—Ojalá hubieras podido pasar más tiempo aquí para ayudarme a planearlo todo —comentó Lilly.

—Lo siento —respondió Miley—. Tenía

la gira. Pero he vuelto para quedarme. ¿Por qué estás tan nerviosa? Va a ser una fiesta increíble.

Sin embargo, los planes cambiaron después de las clases, cuando Vita apareció en el colegio buscando a Miley.

—Traigo magníficas noticias —dijo Vita—. Beyoncé tiene una neumonía doble y tiene que retirarse de la ceremonia de entrega de los premios de la música de Nueva York. ¡Y vas tú!

—*¡Aaah!* ¡Es estupendo! —chilló Miley, encantada, luego puso una expresión más grave—. No lo de Beyoncé. Debería llamarla... ¡Pero es alucinante! ¿Qué voy a cantar? ¿Qué me voy a poner?

—Está todo controlado —contestó Vita con una sonrisa—. Tengo el coche y la caja de Hannah esperando. Hannah tiene que ir a hacer una buena compra. Ahora mismo. Última oportunidad.

Miley siguió a Vita muy contenta, pero luego, de pronto, se detuvo al oír su nombre.

—¿Miley? —llamó Lilly desde la puerta del colegio.

«¿Adónde iba?», se preguntaba Lilly. «¿Qué pasaba con su fiesta?».

—¡Una urgencia de Hannah sin importancia! —respondió Miley gritando, saludando con la mano brevemente—. Pero allí estaré. Lo prometo.

***

Más tarde, aquel día, el señor Stewart y Jackson estaban sentados en un coche en el instituto, esperando a que apareciera Miley. Jackson iba engalanado con la gorra y la camiseta de la Universidad de Tennessee, de color naranja chillón, y lucía una sonrisa satisfecha.

Su padre, por otro lado, parecía preocupado. Miró el reloj:

—Si esa chica no se da prisa, vas a perder el avión. ¿Dónde se ha metido? —murmuró.

De haber sabido dónde estaba su hija en aquel momento, el señor Stewart no se habría preocupado. Se habría puesto furioso. Porque Miley, vestida como Hannah, lo estaba pasando en grande de compras con Vita, en la lujosa avenida de Rodeo Drive.

A la salida de otra *boutique* más, Miley se detuvo para garabatear un rápido autógrafo para una fan, y después siguió a Vita calle abajo, con los brazos llenos de bolsas con sus compras.

—¿A que ha sido divertido? —preguntó Vita, muy animada.

Miley asintió, pero parecía preocupada.

—Es una sensación un poco rara recibir todas estas cosas gratis.

—Por favor —Vita agitó una mano restando importancia al asunto—. ¿Tú sabes cuánto vale una foto tuya colgada en un buen sitio? Eres una estrella. Un icono. Tú te lo pones, lo tocas, lo miras..., y todo el mundo lo quiere comprar.

Vita y Miley estaban tan centradas en su conversación que no advirtieron que Oswald Granger las seguía, entrando y saliendo de los portales para que no lo vieran.

—Te lo deben, Hannah —continuó Vita—. Pide lo que quieras y será tuyo.

Pasó por delante de un portero de uniforme y guió a Miley hasta el interior de unos elegantes grandes almacenes.

—¡Hannah! ¡Hannah Montana! —exclamó el encargado—. ¡Me alegro tanto de verla!

Miley miró a Vita. ¿Quién era aquel tipo?

—¿Qué desea? —preguntó él, expectante.

—Nada —respondió Miley—. Estoy bien. De hecho...

—Agua... con gas, sin gas, del grifo..., patatas, salsa, nachos, caviar, helado, masa de galletas, anacardos —ofreció.

De pronto, a Miley ya no le pareció tan raro:

—Sabe, si combina esas dos últimas cosas... —dijo, animándose—. No he comido demasiado.

—Hecho —dijo el encargado—. Por favor, considérenos su proveedor personal. Sírvase todo lo que quiera.

Miley recorrió la planta con la mirada. Allá donde miraba encontraba vendedores sonrientes que le tendían ropa, zapatos y joyas maravillosas para que los inspeccionara.

—¿Cualquier cosa? —preguntó Miley.

—Cualquier cosa —respondió el encargado, decidido.

Ella dudaba.

—Bueno, todavía tengo que conseguir un regalo para Lilly, así que quizá...

Pronto Hannah estaba sentada, rodeada de ropa. Una vendedora le mostró dos pares de zapatos para que ella los mirara.

—No lo sé —dijo Miley, abrumada—. No logro decidirme.

—¿Decidirse? —repitió el encargado—. Oh, no. Nada de decisiones. Demasiada presión. Llévese los dos. Los añadiremos al montón.

Hizo una señal a otra vendedora, que se acercó corriendo y extendió los brazos. Tenía seis relojes en cada uno.

—Un reloj —dijo Miley—. La verdad es que me hace buena falta un nuevo... —entonces se fijó en las esferas de los relojes—. ¡¿Esa es la hora?! ¡Tenemos que marcharnos!

De pronto se levantó de un salto y abrió su teléfono móvil.

—No me puedo creer que... ¡Once mensajes! ¡Jackson! ¡El regalo de Lilly! ¡Lilly! —en aquel instante, su mirada desesperada se posó en un par de zapatos maravillosos—. ¡*Estos* le encantarán!

Cogió uno de los zapatos en el mismo instante en que aparecía otra mano y agarraba su pareja.

Miley, irritada, levantó la vista para descubrir que la otra mano pertenecía... ¡a la supermodelo Tyra Banks!

—Lo siento, yo los vi primero —dijo Tyra en un tono distante. Se volvió hacia el encargado—. Envuélvalos, por favor.

El encargado miró desesperado a la supermodelo y después a la estrella del pop.

—Son para mi mejor amiga —dijo Miley, suplicante.

—Qué gracia —respondió Tyra—. También son para mi mejor amiga.

—Mi mejor amiga tiene una talla seis —dijo Miley.

Tyra levantó una ceja.

—Qué gracia. *Mi* mejor amiga también tiene una talla seis.

El encargado notó cómo se le aceleraba el corazón.

—Vaya, es el único par que tenemos —dijo.

Tyra se quedó mirándolo fijamente:

—No tiene gracia —le espetó—. ¿Es que no sabe quién soy yo?

«Yo también sé hacer eso», pensó Miley. Sonrió al encargado con dulzura:

—Bueno, sé que usted *sabe* quién soy yo —dijo.

Al encargado le daba vueltas la cabeza, y creyó que se iba a desmayar. De hecho, casi *deseó* desmayarse cuando Tyra y Hannah empezaron a pelearse por los zapatos.

Los mostradores empezaron a caer al suelo y los clientes huyeron de la tienda gritando.

Oswald salió de detrás de una columna, con una cámara en la mano:

—¡Bienvenida, primera plana! —exclamó con una amplia sonrisa, retratando la escaramuza.

Capítulo Cuarto

Al cabo de un rato, Hannah, por fin, abandonó la tienda, magullada, pero cargada con un coche lleno de ropa. Miley no sabía qué iba a decir a su padre. Y Vita, que como publicista debería haber sido capaz de inventar una buena historia, no le estaba sirviendo de gran ayuda.

—¡¿Que me relaje?! —exclamó Miley, por centésima vez, o eso creía—. ¿Es que tú no conoces a mi padre? No creas que me va a perdonar tan fácilmente no haberme despedido de Jackson —frunció el ceño a los coches que tenían delante—. ¡Vamos, hombre, hay que moverse!

Cuando arrancó la limusina, Oswald, a quien nadie había descubierto aún, dio media vuelta en su propio coche y empezó a seguirla.

En el interior de la limusina, Miley contemplaba su botín.

—Y ni siquiera conseguí los zapatos —dijo con voz triste—. Soy la peor amiga del mundo.

Abrió la caja de Hannah y comenzó a quitarse la peluca. De pronto, distinguió el reflejo de Oswald en el espejo de la caja.

—¡Es él! —gritó Miley.

Al instante, Vita golpeó el cristal que había entre el conductor y el asiento trasero del coche.

—¡Pise a fondo! —gritó—. Vamos a despistar a ese parásito.

La limusina salió disparada por la Autopista del Pacífico, y Oswald pisó el acelerador. ¡Ahora que ya tenía a Hannah Montana, no pensaba dejarla escapar!

La limusina pasó a toda velocidad junto al embarcadero, donde Miley pudo ver que la fiesta de Lilly estaba en pleno apogeo. Miley vio cómo pasaban de largo y se volvió hacia Vita, presa del pánico. No podía dejar que Oswald viera a Miley salir de la limusina; seguro que adivinaría la verdad. Pero *tenía* que acudir a la fiesta de Lilly...

—No puedo salir del coche con aspecto de Miley..., ¡y no puedo aparecer en la fiesta de Lilly con aspecto de Hannah! —exclamó.

En aquel momento sonó su teléfono móvil.

Miley comprobó el número. Era Lilly. Respiró hondo y contestó.

—¿Qué tal, Lilly? —preguntó—. ¿Cómo va todo?

—Miley, llevamos hablando de esta fiesta desde que teníamos más o menos ocho años —dijo Lilly, claramente dolida—. ¡¿Se puede saber *dónde* estás?!

—No te preocupes, ya casi hemos llegado —contestó Miley, mientras la limusina volvía a pasar por delante de la fiesta—. Bueno, habíamos llegado...

Se quedó escuchando un momento.

—¿Lilly? —se giró hacia Vita—. Ha colgado...

Aunque no tuvo tiempo de terminar la frase, porque volvió a sonar el teléfono. Era su padre.

—¡Miley! —exclamó, cuando ella contestó—. La madre de Lilly quiere cortar la tarta y tú estás...

—¡Aquí no vive nadie que se llame así! —exclamó ella, y luego colgó en seguida. Se volvió otra vez hacia Vita—. Esto no va bien.

Vita levantó la vista hacia el cielo:

—*Pooor favooooor.* ¿Tú sabes lo que podrías cobrar por tus apariciones personales?

«¡¿Apariciones personales?!», pensó Miley. «¡Es la fiesta de cumpleaños de *mi* mejor amiga! ¡Y me la estoy perdiendo! Soy una amiga pésima».

La fiesta de Lilly estaba en su momento álgido. Había un montón de gente que comía, bailaba y se turnaba en la rampa de patinaje que Lilly había montado en el embarcadero.

Le tocaba a Lilly, que bajó y después volvió a subir por el otro lado de la rampa, dio la vuelta a su monopatín y aterrizó en el borde, justo al lado del chico más mono del colegio. Lilly le miró a los ojos y todo el mundo empezó a vitorear. De pronto, el chico señaló:

—¡¿Esa es Hannah Montana?! —exclamó.

Lilly abrió mucho los ojos y perdió el equilibrio con el monopatín. Volvió a rodar rampa abajo y se dio un tortazo.

Cuando Lilly quiso darse cuenta, Hannah Montana ya se abría paso corriendo entre la multitud para intentar ayudarla a levantarse. Aun así, mientras extendía la mano, Lilly no pudo reprimir una mirada furiosa.

—No me quedaba más remedio —Miley intentó disculparse—. Te juro que te compensaré.

Lilly no sabía qué contestar, pero, aunque lo hubiera sabido, le habría resultado imposible hacerlo. Sus invitados estaban tan ansiosos por acercarse lo más posible a Hannah Montana que apartaron a Lilly a empujones.

Todo estaba fuera de control. Miley necesitaba ayuda urgente. Pero lo único que veía era, por un lado, a Vita persiguiendo a Oswald a lo largo del embarcadero y, por otro, a su padre enfadado acercándose a ella. Aun así, quizá ella misma consiguiera salvar la situación.

—¡Eh, atención todo el mundo! —exclamó—. Solamente he venido para desear a mi fan número uno un feliz cumpleaños. ¡Pero no os preocupéis por mí, porque hoy es el día de Lilly! —apuntó hacia Lilly, aunque nadie se volvió—. Que está justo allí, detrás de vosotros —continuó Miley, intentando abrirse paso entre la multitud—. Mirad.

Consiguió llegar hasta Lilly, pero los fans seguían totalmente concentrados en Hannah.

—Nunca, *jamás en la vida,* podrás compensarme por esto —Lilly estaba furiosa.

A Miley se le apagó la sonrisa. Aquello pintaba mal. Aquello pintaba *peor* que mal.

Entretanto, a su alrededor, la multitud comenzó a corear: «¡Canta!».

A Miley le había parecido que las cosas estaban descontroladas. ¡Ahora le parecía que estaba a punto de estallar un disturbio!

—En realidad no había pensado cantar... —comenzó en voz baja.

No quería robar protagonismo, de verdad que no quería. Pero de pronto se vio arrastrada hasta el escenario y alguien le estaba entregando un micrófono, y todo el mundo la aclamaba...

Y si había algo que Hannah sabía hacer era tomar el control sobre el escenario.

Dirigió unas cuantas palabras a los miembros del grupo, que estaban preparados para la fiesta de Lilly, y volvió a girarse hacia la multitud.

—¡Esta va para Lilly! —gritó—. Cinco, seis, siete, ocho.

Comenzó a cantar una canción con voz potente y en seguida todo el mundo empezó a saltar a su ritmo.

Al final del coro, su mirada se encontró con la de Lilly.

—Perdona —dijo articulando para que le leyera los labios.

Pero Lilly se limitó a dar media vuelta y alejarse.

—¡Tú! —llamó una voz con un acento peculiar—. Espera. La chica del cumpleaños. Tengo unas preguntas para ti.

Lilly se volvió y se encontró con Oswald, que se apresuraba a seguirla.

—¿Es cierto que en realidad Hannah tiene cuarenta y tres años? —preguntó ansioso.

Lilly levantó la vista hacia el cielo. Lo único que quería era que la dejaran en paz.

—¿Y que hace *playback?* —continuó.

Lilly frunció el ceño y siguió caminando.

—¿Que se crió en un barrio distinguido de Nashville? —insistió.

Lilly estaba harta:

—Más bien en un campo de maíz, en un lugar llamado Crowley Corners —murmuró Lilly, que seguía furiosa con su «amiga».

—¿De verdad? —la voz de Oswald revelaba su interés—. ¿Cómo se escribe «Crowley»?

Lilly se quedó dubitativa. No había sido su intención contar a aquel reportero tan agresivo nada sobre Hannah..., aunque ella le había estropeado la fiesta. Después de todo, Lilly había jurado guardar el secreto...

Después, Lilly volvió a mirar al escenario, donde ahora Hannah estaba bailando con *su* chico mono. Sintió que su corazón se endurecía y se giró hacia Oswald:

—Tal como suena —contestó Lilly.

Capítulo Quinto

A la mañana siguiente, Miley estaba en la playa detrás de su casa, usando la marcación rápida para llamar a Lilly una y otra vez.

—¿Por qué no contestas? —mascullό entre dientes.

Mientras tanto, Vita estaba sentada en el porche de los Stewart, trabajando con su portátil, cuando un periódico cayó con un *PLOF* sobre el teclado.

—¡¿Has visto esto?! —preguntó el señor Stewart.

En primera plana aparecía una foto enorme en la que salían Hannah y Tyra Banks peleándose por los zapatos.

—Sí, ya lo sé —respondió Vita muy animada—. Está por todas partes. Es fabu... —de pronto vio que el señor Stewart tenía el ceño fruncido—. Horrible —añadió entonces—. Hannah mala.

—Ella y yo debemos mantener una pequeña conversación —dijo el señor Stewart, y, enfadado, se acercó a Miley caminando por la arena.

—¿Ahora? —preguntó Vita, siguiéndolo—. Se supone que tiene que prepararse para ir a Nueva York.

El señor Stewart se volvió un instante, lo justo para lanzarle una mirada asesina.

—¿No se lo ha dicho? —continuó la publicista—. De verdad es una oportunidad increí...

—Sé lo de Nueva York —dijo él bruscamente—. Me llegó una copia del correo electrónico.

Vita se quedó pálida. «Siempre que el padre de Miley supiera lo de los premios de la música, todo iría bien...», pensó.

Pero se equivocaba.

—Eso no va a pasar —dijo sencillamente—. Tenemos que volar hasta Tennessee para el cumpleaños de la abuela Ruby —sonrió al ver la reacción de sorpresa de Vita—. ¿No te lo ha dicho?

Después se volvió hacia Miley, que seguía llamando y llamando por teléfono.

—¿Una pelea por unos *zapatos?* —preguntó el señor Stewart lleno de incredulidad—. ¡¿Te metiste en una pelea por unos zapatos?!

—En mi defensa —respondió Miley, cerrando su teléfono por fin—, los zapatos los vi yo primero.

Su padre sacudió la cabeza:

—Esto es completamente, totalmente, absolutamente inaceptable. De hecho, esto retrata muy bien toda tu conducta últimamente. Dejar tirado a tu hermano, humillar a Lilly en su propia fiesta...

Vita levantó la vista al cielo y señaló su reloj. ¡Las charlas paternales estaban muy bien, pero ahora tenían que tomar un avión! Miley cogió la indirecta y se puso en camino hacia la casa.

—Ya sé que he metido la pata —dijo a su padre—. Lo siento. Pero ahora no puedo hablar de esto. Tengo que ir a Nueva York. Son los premios de la música.

—Así que el cumpleaños de tu abuela ni siquiera... —comenzó su padre.

—*Papaaaá* —interrumpió Miley—. Esto es distinto y tú lo sabes.

—Sí, en el gran mapa de la vida, *una* de

esas cosas es realmente importante —dijo.

—Mira, Robby —interrumpió Vita—. Señor Ray. Padre Montana. Sé que crees que esto merece algún tipo de «bronca» casera, pero Hannah no puede permitirse faltar.

El señor Stewart le lanzó una mirada gélida:

—Se llama Miley.

—Y *Miley* volverá, incluso antes de haberse marchado —dijo Vita con voz alegre—. Es una superestrella..., le conseguiremos un *jet* privado si tenemos que hacerlo.

—¡Sí! —a Miley se le iluminó la cara de emoción—. ¡Siempre he querido uno de esos!

Su padre respiró hondo y contó hasta diez:

—De acuerdo. Tú ganas —admitió, mirando a Vita—. Pero ya has oído a nuestra superestrella. Quiere un *jet*.

—¿En serio? —Miley no se lo podía creer.

—Me gusta cómo piensa —dijo Vita—. Me llevará algo de tiempo organizarlo, pero yo iré por delante hasta Nueva York para organizar la bienvenida —susurró a Miley—. No es tan malo como tú decías.

Miley asintió, aunque no podía evitar tener sus sospechas. Su padre tenía una sonrisita en la cara que no le gustaba un pelo...

Aún sonriendo, el señor Stewart bajó la persiana de su ventanilla mientras se relajaba en el *jet* privado. La puerta del baño se abrió de golpe y Miley, vestida como Hannah, intentó salir con la caja de Hannah intacta.

—La próxima vez a lo mejor te interesa pedir un *jet* con un baño más grande —dijo.

—¿Por qué te estás *Hanneando?* —preguntó su padre.

Ella lo miró con un gesto de incredulidad.

—La sesión de fotos de Hannah-se-bajadel-avión —explicó—. Globos. Limusina. Fans gritando. Como dice Vita, lo más importante es la publicidad.

Él sonrió y sacudió la cabeza.

—Esa Vita está llena de buenos consejos —dijo.

Cuando el *jet* por fin aterrizó, Miley salió por la puerta y empezó a posar para las fotos.

—¡Hola, Nueva York! —gritó.

Entonces se quedó boquiabierta. ¡No estaban en Nueva York! ¡Estaban en medio de unos cultivos! ¡En alguna parte del campo! Con unas vacas y... ¿Jackson?

—¡Parece que ha llegado tu limusina! —dijo el señor Stewart.

—¡No puedes hacer esto!

Miley estaba apretujada en el asiento delantero de una vieja camioneta con su padre, su hermano y un enorme sabueso—.

Vale, sí, quizá debería haberme acordado del cumpleaños de la abuela.

—Yo *sí* que me acordé —dijo Jackson satisfecho.

—Ahora no, Jackson —le espetó Miley—. Papá, se supone que Hannah Montana tiene que caminar por la alfombra roja de Nueva York en menos de tres horas.

La sonrisa del señor Stewart, que llevaba en la cara las últimas veinticuatro horas, se esfumó.

—Miley, llevas toda la vida queriendo cantar —dijo—. Hannah te ha permitido hacerlo sin renunciar a una vida normal. Ese era tu sueño, ¿recuerdas? Ese fue el motivo por el que la creamos desde un principio. Pero no sé si sigue siendo el motivo ahora.

—¿A qué te refieres? —preguntó Miley, aunque tenía la mala sensación de que no quería oír la respuesta.

—Digo que puede ser que hayamos acabado —explicó sencillamente.

Miley abrió mucho los ojos, sorprendida:

—¡No me puedes quitar a Hannah!

—¿De verdad? —preguntó su padre—. Porque eso es lo que pienso hacer.

—¡No! —exclamó ella—. ¡Para el coche! No voy a hacerlo. Quiero irme a casa.

El señor Stewart paró el coche y Miley se bajó, y cerró la puerta dando un portazo tras ella. Su padre la siguió:

—Estás en casa —dijo—. Mira a tu alrededor.

Pero Miley movió la cabeza:

—Hannah lo es todo para mí.

—Y puede que precisamente ahí esté el problema —respondió él.

Miley se quedó mirando a su padre y por fin dijo:

—¿Nunca más podré ser Hannah?

—Pregúntamelo dentro de dos semanas —dijo el señor Stewart—. Vamos a ver si todavía existe la chica de pueblo.

—¡¿Dos semanas?! —exclamó Miley.

Él sonrió.

—Tómatelo como una desintoxicación de Hannah. Ahora quítate esa peluca y métete en el coche.

—¡No! —volvió a exclamar ella de pronto, dando un pisotón. No pensaba renunciar a Hannah tan fácilmente—. No pienso subir a ese coche. Y desde luego, no voy a...

Miley se calló cuando notó que le quitaban la peluca de la cabeza. Levantó la mano y se giró para ver a una yegua grande, gris, con la boca llena de pelo rubio.

—*¡Aaah!* —gritó Miley, mientras agarraba el otro extremo de la peluca—. Devuélveme eso, sucio animal...

El señor Stewart sacudió la cabeza:

—La chica ni siquiera reconoce a su propia yegua —dijo—. Eso sí que es triste.

Sonrió cuando el caballo soltó la peluca y Miley se cayó en la carretera. Ella levantó la vista hacia el caballo:

—¿Blue Jeans? —preguntó.

—¿Por qué no nos vemos en la casa? —dijo el señor Stewart, volviendo a subir al coche—. Solo queda un kilómetro y medio. ¡No te olvides de la maleta! —gritó, mientras se alejaba conduciendo.

Capítulo Sexto

Miley se quedó mirando el camino de tierra, que parecía interminable, y decidió que la única manera de llegar era montada en su caballo. Arrastró su caja de Hannah hasta colocarla al lado de Blue Jeans e intentó, como pudo, subirse a lomos del caballo con la maleta.

—Blue Jeans, tienes que quedarte quieta —dijo—. Blue Jeans, por favor, no te muevas hasta que... *¡Uuf!*

Cuando quiso darse cuenta, Miley estaba

otra vez en el suelo, y Blue Jeans corría por la hierba.

—¡Blue Jeans! —llamó desesperada—. ¡Blue Jeans, vuelve! *Por favor* —dejó caer los hombros—. Y ahora qué se supone que debo...

—*¡Ehh!*

Se giró al oír el sonido de una voz fuerte a sus espaldas. Era un chico montado en su caballo. Al cabo de unos segundos, pasó galopando junto a Miley y echó el lazo a Blue Jeans. Regresó al trote a donde estaba Miley, y ella se apresuró a ocultar su peluca de Hannah mordisqueada.

—¿Estás bien? —preguntó el chico.

Miley lo miró con los ojos entornados.

—La verdad es que a Blue Jeans no le gustan los extraños —continuó—. Ni siquiera los que están sucios y llenos de lentejuelas.

Miley, por fin, se atrevió a hablar:

—Lo sé. Es *mi* yegua.

El chico la miró más de cerca.

—*¿Miley?* —preguntó.

Ella se quedó mirándolo con un gesto vacío.

—Soy yo, Travis —dijo—. ¡Travis Brody! Estábamos juntos en primero. ¿No te acuerdas? La última vez que te vi fue cuando estuvimos nadando en la granja de tu tío Earl y los dos nos llenamos de hiedra venenosa por todo el...

Miley rápidamente levantó la mano:

—Me acuerdo de ti. Vale —no era el más agradable de los recuerdos—. También recuerdo que me colgaste boca abajo dentro de un pozo.

Travis sonrió de oreja a oreja.

—Sí, supongo que por entonces me gustabas mucho. Pero no te preocupes, ya lo he superado.

Ella le devolvió la sonrisa. «Vaya», pensó. «Bueno es saberlo».

Los dos decidieron que sería más fácil para Miley montar con Travis y llevar a Blue Jeans atada con una soga.

—Ya no vienes mucho por aquí, ¿verdad? —dijo Travis mientras trotaban por el camino.

—Lo suficiente —dijo Miley, encogiéndose de hombros.

—¿Cuánto tiempo te vas a quedar? —preguntó.

—Dos semanas —dijo ella en tono sombrío, con la cabeza llena de melancólicas imágenes de la ciudad de Nueva York.

—Pues que tengas mucha suerte —soltó una carcajada.

Miley se puso tensa:

—¿Se puede saber a qué te refieres?

—No hay más que ver cómo vas vestida y que no has conseguido subir a tu caballo, para adivinar que te has convertido en una californiana —respondió.

—Eso *no* es cierto —protestó—. Y además solo me has visto dos segundos. Tú no sabes nada de mí. Ni de California.

—Déjame adivinar —dijo Travis, burlándose—. Los famosos son gente normal, como tú y yo.

—*Algunos* lo son —respondió ella.

De todas formas, ¿qué sabía de famosos un paleto como él?

—Vaya —Travis parecía escéptico—. No me digas que conoces a alguno.

¿Que si conocía a alguno? ¡Desde luego que sí! Miley no lo pudo resistir:

—Conozco a Hannah Montana —dijo.

—¿En serio? ¿A Hannah Montana?

Miley asintió:

—El otro día, haciendo *surf*, prácticamente le salvé la vida —presumió—. Tiene una deuda gorda conmigo. Somos como... mejores amigas.

Travis levantó las cejas, y Miley sonrió. Se notaba que estaba *muy* impresionado.

En aquel instante llegaron a la laberíntica granja donde vivía la abuela de Miley, Ruby. A lo lejos se veía un gran establo rojo, un porche grande delante de la casa y se oía música y risas que salían de las ventanas abiertas. Aquel lugar parecía estar dándoles la bienvenida. Aun así, Miley dudaba.

—Estoy seguro de que todos te están esperando —comentó Travis—. Yo guardaré a Blue Jeans.

—No hace falta que lo hagas —le dijo.

Él se encogió de hombros:

—Creo que es mi trabajo más o menos. Este verano estoy ayudando a tu abuela.

Ella se bajó de la montura y él le entregó su maleta.

—Ahora es cuando la gente normalmente dice «gracias» —dijo.

Miley se sonrojó:

—Iba a hacerlo —respondió.

—No hace falta —dijo él tranquilo, dando la vuelta a su caballo—. Nos vemos por ahí, Smiley Miley. ¿Recuerdas? Así solía llamarte.

Se alejó trotando hacia el establo, y Miley lo vio marchar con una media sonrisa:

—Lo recuerdo —murmuró.

Después volvió a girarse hacia la casa y comenzó a subir las escaleras. Estaba más nerviosa de lo que pensaba. Dentro, sus viejos amigos y familiares cantaban una canción clásica de *country*. En el centro estaba la abuela Ruby, dando palmas.

Miley respiró hondo y cruzó la puerta.

El rostro de su abuela se iluminó en cuanto la vio.

—¡Miley! —gritó, y todos celebraron la nueva llegada.

—Miley, canta el siguiente verso —pidió su padre desde el sofá.

Pero Miley se quedó helada. Hacía tanto tiempo que no volvía a casa y tanto que no cantaba como otra persona que no fuese Hannah...

Todos estaban esperando, después se miraron unos a otros.

—Lo siento —contestó tímidamente.

Sintió un gran alivio cuando la abuela Ruby extendió los brazos y dijo:

—Bueno, no puedo creer que acabe de apagar las velas y ya se haya hecho realidad mi deseo de cumpleaños. Ven aquí, cosita.

Miley sonrió agradecida:

—Feliz cumpleaños, abuela.

Su abuela le dio un abrazo, después la guió hasta la mesa del comedor, que estaba llena de regalos ya abiertos. Tomó un plato que tenía la cara de Elvis pintada.

—Gracias por esto —dijo a Miley—. ¡Me encanta! Solo hay un rey —añadió—, y le he estado reservando un sitio de honor.

Con cuidado, colocó el plato en un aparador, junto con varios más, cada uno con un retrato de una estrella diferente de la música *country*.

—¿Cuánto tiempo llevas planeando esto? —preguntó a Miley—. Te habrá costado siglos encontrarlo.

Miley miró a su padre:

—Por lo visto, hace meses que no pienso en otra cosa —comentó.

Después de que su abuela la abrazara otra vez, el padre de Miley se la llevó aparte.

—Tú hiere los sentimientos de tu abuela

y el menor de tus problemas será una *peluca* mordisqueada —susurró. Después, con su voz normal dijo—: Ha llegado la hora de la tarta. Yo recojo los platos de la cena..., tú pasa los tenedores. Así podrás saludar a la gente.

Miley repartió los tenedores, sintiéndose todavía un poco fuera de lugar. Pero antes de terminar, Jackson la agarró y la llevó aparte.

—¡Me vas a matar! —siseó—. No puedes quedarte aquí.

—No me digas —dijo Miley llena de ironía—. Pienso salir de aquí en dos días.

—¡Sí! —Jackson levantó los brazos entusiasmado—. ¡Salvado!

Sonriendo, se dio la vuelta para regresar a la fiesta, pero Miley entrecerró los ojos llena de suspicacia y tiró de él.

—¿Salvado? —preguntó—. ¿De qué?

Jackson levantó la vista hacia el cielo.

—De papá —aclaró—. ¿De qué va a ser? Encima de mí —continuó—. Observando todos mis...

—Observando..., aaaaah... —Miley se quedó callada al ver que todas las piezas encajaban—. Espera un momento —analizó el rostro de Jackson. Sí. Tenía su cara de grandes problemas—. No has entrado en la universidad —dijo Miley.

Jackson se encogió de hombros:

—¿Cómo iba a saber que todos esos plazos improrrogables por los que papá siempre estaba gritando eran de hecho improrrogables? —explicó su hermano.

—Bueno, y... *¿qué* piensas hacer? —preguntó Miley.

Jackson incluso parecía aliviado de confesar.

—El primo Derrick me ha conseguido un trabajo en una granja escuela hasta que pueda entregar la matrícula. ¿Te acuerdas del primo Derrick?

Miley hizo una mueca en el preciso instante en que el bueno del primo Derrick aparecía para unirse a ellos. Su cara de comadreja casi hacía juego con la de la criatura larga y peluda que llevaba posada en el hombro.

—Eh —dijo Miley, apartándose—. ¿Qué haces con esa rata?

—Es un hurón —la corrigió Derrick—. Harlow.

Se giró para mirar a su mascota a los ojos:

—No somos capaces de guardar un secreto..., ¿verdad, Harlow?

Miley miró a su hermano.

«Pobre Jackson», pensó.

Capítulo Séptimo

Cuando Miley regresó, la fiesta de la abuela Ruby estaba en pleno apogeo. Todo el mundo hablaba, reía y disfrutaba de la tarta. Y, por primera vez en mucho tiempo, el señor Stewart se sentía relajado. «Ay», pensó, «qué bueno es volver a casa...».

Entonces se acercó la abuela Ruby:

—Hazme un favor y ve a presentarte a Lorelai, que está allí —dijo—. Es nueva y un poco tímida.

Se giró para mirarla de reojo:

—No estarás haciendo de celestina otra vez, ¿verdad? —preguntó.

Miró al otro lado de la habitación para ver a la «tímida» Lorelai..., y se encontró con una mujer atractiva, que estaba riendo y charlando.

—¿Yo? —contestó la abuela Ruby—. Eso nunca.

—Bueno, odiaría que nadie se sintiera desplazado —dijo el señor Stewart con una gran sonrisa.

Respiró hondo y atravesó la habitación, recogiendo al pasar todos los platos sucios de los invitados. Cuando llegó hasta donde estaba Lorelai, ya llevaba un montón de ellos en los brazos.

—¿Tienes algo para mí? —le preguntó.

—No lo sé —respondió ella, mirando el montón de platos—. ¿Seguro que aguantarás?

El señor Stewart esbozó una gran sonrisa:

—Te sorprendería ver lo que aguanto.

Entonces se cambió los platos de sitio para darle la mano... y a punto estuvo de tirarlos.

Rápidamente, se giró y por muy poco logró que los platos no se cayeran.

—Te dije que te sorprendería —dijo, con aire de suficiencia.

Luego tropezó con el perro de caza que estaba dormido y los platos cayeron al suelo con un enorme *¡cras!*

Entretanto, en Nueva York, una multitud de *paparazzi* cansados y decepcionados estaban recogiendo sus cámaras, mientras Vita paseaba de un lado a otro, chillando al teléfono.

—El avión está vacío —dijo, enfadada—. O han saltado o... —hizo una pausa para escuchar—. Bueno, ¿y yo cómo voy a saber dónde está? —saltó. Se quedó escuchando de nuevo—. Vale, sí, técnicamente es mi trabajo, pero...

Sin parar de hablar, pasó junto a un empleado del aeropuerto. Tenía bigote y una gran barriga y, de haberse fijado, habría visto que se trataba de Oswald Granger, una vez más vestido con otro disfraz.

Cuando Vita se puso en marcha en una dirección, Oswald echó a correr en la otra, persiguiendo al piloto del *jet* privado.

—¡Eh, piloto, un momento! —exclamó Oswald—. Necesito la ruta de vuelo.

El piloto se encogió de hombros y le entregó el documento. Los ojos de Oswald brillaron al leer las palabras que allí estaban escritas: CROWLEY CORNERS. ¡El secreto de Hannah Montana no iba a seguir siendo secreto por mucho tiempo!

La fiesta de la abuela Ruby oficialmente

había terminado, pero aún quedaban algunos rezagados en el porche.

Encima de ellos, en una de las habitaciones, Miley estaba sentada delante de una cómoda. Tenía en la mano una foto enmarcada donde estaban su madre y ella, tomada cuando Miley tenía cuatro años.

Su abuela la observó en silencio desde la puerta y después dijo:

—Siempre estoy pensando en cambiar el papel de la pared de esta habitación. Pero tu madre lo escogió cuando tenía más o menos tu edad.

—A mí me gusta —contestó Miley en voz baja.

—Antes te gustaban un montón de cosas cuando venías a verme.

Miley la miró:

—Abuela... —comenzó.

Su abuela agitó una mano:

—No pasa nada. Sé que no tienes nada contra mí. Lo que pasa es que echo de menos a mi Miley.

—¿Por qué la gente *no para* de decir eso? —preguntó Miley.

—Quizá deberías preguntarte eso *a ti misma* —respondió su abuela.

Capítulo Octavo

A la mañana siguiente, temprano, un gallo cantó saludando al alba, y Miley, lanzando un gruñido, alargó la mano y se tapó la cabeza con la almohada. Era *demasiado* pronto para levantarse.

—*¡Miiiiiley!* —gritó su padre a través de la puerta—. ¡Buenos días!

Miley se incorporó de un salto con la mente muy despejada de pronto.

—Si quiere tener de vuelta a su pequeña granjera, la tendrá —se dijo en voz alta. No sabía lo que su padre había soñado..., pero si quería jugar, podían jugar los dos—. ¡Que comience la operación Salvar a Hannah Montana! —exclamó.

Abajo, en la cocina, la abuela Ruby estaba sirviendo café cuando Miley, vestida con un peto y el pelo peinado en trenzas, apareció por la puerta.

—¡Buenos días! —dijo con voz alegre, exagerando el acento—. ¿Habéis descansado? Yo llevo *horas* levantada. Eh, ¿qué tal si doy de comer a las gallinas y recojo unos huevos? Como digo siempre, no hay nada mejor que los huevos frescos para desayunar.

Después salió por la puerta dando brincos.

Unos minutos más tarde, Miley estaba de pie en el gallinero vacío con un cubo lleno de grano. Había trabajado bastante en la granja, pero tenía que reconocer que de eso hacía ya tiempo. Estaba un poco oxidada.

—¡Piiitas, pitas, pitas! —gritó—. Vamos, estúpidas gallinas, no me hagáis entrar ahí, porque pienso hacerlo.

Miley se volvió con una sonrisa en la cara y... se quedó helada al ver lo que parecían cientos de aves de ojos malvados. Nerviosa, comenzó a retroceder.

—Quietas, pitas, pitas, pitas —dijo.

Por supuesto, ellas no se quedaron quietas. Después de todo, Miley tenía su desayuno.

Desde el porche, el señor Stewart y la abuela Ruby disfrutaban del espectáculo.

—¿Cuánto tiempo crees que tardará en descubrir cómo soltar el cubo? —preguntó la abuela de Miley riendo.

El señor Stewart se limitó a sacudir la cabeza. Se reía más fuerte que la abuela Ruby.

Cuando Miley logró descubrirlo, ya hacía tiempo que habían terminado de desayunar.

—Límpiate, mi abejita —dijo la abuela Ruby—. Voy a llevarte al mercado. Robby Ray, los canalones necesitan un arreglo y la camioneta hace unos ruidos que ni te cuento.

Él asintió:

—En seguida me pongo.

La abuela Ruby le lanzó una sonrisa satisfecha:

—Si necesitas ayuda, habla con el capataz. Debe de estar en la huerta. Pero no me espachurres las calabazas, son de competición.

Mientras la abuela Ruby se llevaba a Miley al mercado, el señor Stewart salió a trabajar en la camioneta, como le habían dicho. Sin embargo, al llegar allí se encontró al capataz con una careta, empuñando un soplete.

El señor Stewart dio unos golpes en el guardabarros para llamar la atención del capataz.

—Parece que te me has adelantado —dijo.

Entonces el capataz se levantó y se quitó la careta, y el señor Stewart se encontró cara a cara con... Lorelai.

—Lorelai —dijo, sorprendido—. Ruby no me..., ¿tú eres el *capataz?*

—En persona —dijo ella.

Él señaló la cabaña del capataz.

—Entonces..., bueno, ¿eso también quiere decir que estás viviendo aquí?

—Eres un genio —dijo ella burlona—. Quería empezar de nuevo, y supongo que Ruby pensó que tanto la granja como yo necesitábamos a alguien que nos cuidara, así que...

—Le gusta organizarlo todo —dijo el señor Stewart, asintiendo.

Entretanto, la abuela Ruby y Miley avanzaban entre los baches de la carretera en un camión lleno de sandías. Mientras la abuela conducía, Miley sintonizaba la radio buscando una estación que tuviera música medio decente. De pronto se dio cuenta de que hacía más de un día que no oía nada parecido al *hip-hop* o el pop.

—Puedes seguir intentándolo —dijo su abuela, pero lo único que vas a encontrar es *country*.

Miley suspiró y se quedó mirando por la ventanilla. ¡Ya estaba deseando recuperar su vida!

Se detuvieron en un paso a nivel y Miley se fijó en un cartel grande con forma de ubres de vaca. Tenía las palabras SALVAD CROWLEY MEADOWS pintadas encima, y también RECAUDACIÓN DE FONDOS ESTE SÁBADO. Las ubres, que estaban pintadas para marcar cuánto dinero llevaban recaudado, no se veían demasiado llenas.

—Oye..., ¿qué son esas ubres gigantes? —preguntó Miley—. *Eso* sí que es algo que jamás se vería en Los Ángeles.

Su abuela sacudió la cabeza con gesto triste:

—El viejo Crowley murió y dejó los prados de Crowley Meadows a la ciudad —explicó—. Casi todo lo que ves. Pero no tenemos suficiente dinero para pagar los impuestos, así que me he dedicado a organizar una o dos recaudaciones de fondos. Ay, esto es horrible... —dijo.

Pasó el tren y apareció una imagen de postal de Crowley Corners. No era Los Ángeles y, sin embargo..., Miley casi había olvidado lo bonita que era aquella pequeña ciudad.

—Los constructores acechan como buitres —continuó la abuela Ruby—. Hablan de levantar edificios de apartamentos, centros comerciales...

—¿Un centro comercial? —Miley se animó—. ¿En serio? —a ella le parecía justo lo que necesitaba un lugar como Crowley Corners.

—Si se salen con la suya, no quedará ningún campo abierto —dijo su abuela amargamente.

—Sí —contestó Miley—, pero al menos tendríais por fin un sitio decente para... —entonces vio de reojo la cara de su abuela y, sabiamente, decidió no continuar—. Es horrible —añadió, en vez de eso—. ¿A quién se le puede ocurrir cambiar nada de este lugar?

—Te sorprendería —dijo la abuela Ruby. Acababan de llegar al mercado y señaló a un hombre que parecía tener mucha labia y que estaba repartiendo folletos—. Te juro que todo lo que tenga que ver con ese hombre, el señor Bradley, me preocupa —continuó la abuela—. ¿Sabes que solo compra sandía sin pepitas? Y dime, ¿quién quiere comer sandía si no es para escupir las pepitas?

Levantaron su puesto, y al cabo de un rato la abuela de Miley señaló una tienda de zapatos que había al otro lado de la calle.

—Cuando acabemos, a lo mejor tú y yo podemos ir a hacer unas cuantas compras —sugirió.

—¿Ahí dentro? —Miley levantó la vista al cielo.

Los zapatos del escaparate parecían pasados de moda desde hacía por lo menos una generación.

—No gracias, no necesito nada.

—Mire, señorita —le espetó la abuela Ruby. Tenía los ojos encendidos—. Puede que sea usted una pija en su casa, pero aquí vestimos monos y botas, y si eso no es suficiente para usted, entonces a lo mejor debería hacer las maletas y largarse.

Miley se quedó mirando a su abuela, sin saber muy bien cómo reaccionar ante aquella bronca tan seria.

—A lo mejor sabes engañar a tu papaíto, pero te aseguro que a mí no me engañas —continuó la abuela Ruby. Después, su gesto se suavizó, y rodeó los hombros de Miley con cariño—. Mira, siento regañarte, pero es que creo que deberías considerarte afortunada porque por ahora tienes un lugar como este al que puedes llamar tu hogar.

Miley asintió despacio:

—Es verdad —comprendía a qué se refería su abuela—. Lo siento.

—Ya lo sé —dijo la abuela Ruby—. Ahora termina aquí —señaló hacia el señor Bradley con un gesto de la cabeza —. Voy a coger este genio mío y emplearlo bien.

Mientras Miley cortaba la sandía en rajas

para darlas a probar, la abuela Ruby echó la bronca al promotor.

—Seguid organizando vuestras pequeñas recaudaciones —respondió el señor Bradley, de pie junto a una maqueta de su centro comercial—. No podréis detener al progreso.

—Disculpe —oyó Miley que decía alguien a sus espaldas—. ¿Conoce a esta chica?

Miró al puesto de al lado, donde un vendedor ofrecía salsas caseras. ¡La voz pertenecía a aquel reportero, Oswald Granger! ¡Y llevaba una foto de Hannah Montana!

—Claro —dijo el vendedor, ofendido—. Es Hannah Montana. Tampoco vivo debajo de una piedra.

—No, es evidente que no, pero me refería a conocerla de verdad —insistió Oswald—. ¿Conoce a su familia, quizá?

A Miley se le aceleró el corazón. Se dejó caer de rodillas y después se asomó por encima del mostrador. Aquel molesto *paparazzo* era una de las razones por las que había acabado atrapada allí en el pueblo, ¡en lugar de estar actuando en Nueva York!

—¿En serio? —decía Oswald—. ¿Nunca? Pero mis fuentes son de total confianza —Oswald suspiró y alargó la mano para coger una muestra de las salsas del hombre—. ¿Puedo probar la...?

Se metió varias galletas saladas en la boca.

—Me pregunto si se cambió el nombre —continuó Oswald con la boca llena.

De hecho, estaba tan concentrado en el misterio de Hannah Montana que ni siquiera se dio cuenta de que Miley se había acercado sigilosamente para cambiar las salsas. Había cambiado la salsa de tomate suave por una jarra que llevaba la etiqueta PICANTE GRADO DIABLO.

Cuando el vendedor se dio media vuelta, Oswald cogió más galletas, las mojó en la salsa picante y empezó a metérselas en la boca. Al mismo tiempo, Miley se escabulló del puesto y se acercó a un camión cargado de nueces. Sigilosamente, abrió el cerrojo de la parte trasera y pronto, una cascada de nueces rodaba por una leve cuesta entre los puestos.

Mientras tanto, la boca de Oswald comenzaba a arder... ¡y mucho! Miró a su alrededor, desesperado, y vio un cuenco de perro lleno de agua. Lo agarró y se lo bebió, pero ni siquiera eso funcionaba. Escupió el agua y empezó a correr por todas partes, buscando algo para apagar el fuego..., y entonces fue cuando pisó las nueces.

Oswald perdió pie y cayó de espaldas, justo encima de la maqueta de Crowley Meadows del señor Bradley.

El señor Bradley bajó la vista hacia él, horrorizado.

—Lo siento mucho, muchísimo —consiguió jadear Oswald.

—Está perdonado —dijo amablemente la abuela Ruby, encantada con el desastre—. Miley, ven y ayúdame con este pobre hombre.

Miley se acercó a regañadientes y ayudó a Oswald a levantarse.

—Eres muy amable. De verdad —murmuró él, que aún no había terminado de recuperarse. Después se fijó más en Miley.

—Eh —dijo—, tú eres más o menos de la misma edad. ¿Conoces a esa Hannah Montana?

—¿Hannah Montana? —respondió Miley con un acento sureño de repente exagerado—. ¿Se *pué* saber quién no conoce a Hannah Montana? Es famosa.

—Bueno, ella va por ahí diciendo que viene de un sitio muy pequeño en mitad de la nada..., pero nadie la ha visto jamás —dijo Oswald.

—Yo la he visto —contestó Miley, aún con un acento sureño muy marcado—. La vi. La conozco. La conocí.

—Entonces eres la única —añadió él.

Parecía expectante y nervioso.

—Conozco a todos los Montana —continuó Miley.

—¿Sabes dónde puedo encontrarlos? —preguntó Oswald, que casi no podía creer la suerte que había tenido.

—Pues claro —saltó la abuela Ruby con voz cantarina. Era el momento de despistar a aquel sabueso—: Tiene que salir del pueblo unos ocho kilómetros, girar a la derecha en el primer riachuelo...

—Girar a la izquierda en el segundo recodo del camino —añadió Miley.

—Y ya está —dijo la abuela Ruby.

Oswald bajó la vista para consultar su mapa, un poco desconcertado, y Miley y Ruby sonrieron de oreja a oreja al ver que se alejaba encogiéndose de hombros.

Horas más tarde, Oswald seguía mirando su mapa, de pie, delante de una vieja cabaña abandonada junto a un riachuelo lleno de barro y hierbajos.

—¡¿Hola?! —gritó—. ¿Hay alguien en casa?

De pronto, sonó su teléfono.

—*¡¿Qué?!* —gritó, enfadado.

Era su jefa, Lucinda.

—Deberías preguntar más bien *dónde* —dijo a Oswald—. Ya sabes, algo así como *dónde* está mi reportaje.

Entonces, el teléfono de Oswald lanzó un pitido que le indicaba que tenía otra llamada.

—Dame un par de segundos, cariño —contestó—. ¿Diga?

Las hijas de Oswald, Phoebe y Clarissa, llamaban desde su internado.

—Papaíto —dijo Phoebe—. ¿Dónde estás? No has llamado.

—Lo siento, queridas —respondió él—. Papá está trabajando. Os llamo en un par de segundos.

—Date prisa —insistió Clarissa—. Casi es la hora de apagar las luces.

Oswald volvió con Lucinda:

—Lo siento, Lucinda —dijo—. No te preocupes, te garantizo que este reportaje de Hannah Montana es...

Le interrumpieron los gritos histéricos de sus hijas.

—¡Hannah Montana! —gritó Phoebe—. ¡No lo puedo creer! ¿Ya la has conocido?

—¡Cuéntanoslo todo! —exclamó Clarissa.

—¿Quién hay ahí? —saltó Lucinda—. ¿Qué son todos esos gritos?

—Creí que había colgado —se disculpó Oswald—. Queridas, ahora os llamo. Prometido —dijo a sus hijas—. Lo siento —volvió a Lucinda—. ¿Qué me estabas diciendo?

—Ozzie, quiero los *trapos sucios* —dijo la editora bruscamente.

—Créeme —respondió él—. Estoy en ello.

Cerró el teléfono y gruñó mientras recorría el bosque con la mirada. «Sí, claro que estoy en ello», pensó. «En cuanto logre volver a la civilización, claro está».

Capítulo Noveno

Más tarde, aquel día, Miley estaba sentada en el granero de la abuela Ruby, tocando la guitarra. Se puso a cantar, aunque sabía que a la canción le hacían falta algunos retoques. Por algún sitio había que empezar...

Entonces, de pronto, apareció Travis, y Miley se dio un susto.

—Lo siento —dijo él, dando un paso atrás—. No pares. Me marcho.

—Tranquilo —respondió Miley—. Solo estoy pasando el rato.

—Vaya, es fenomenal que todavía te guste eso de cantar —añadió Travis.

Miley lo miró extrañada:

—¿Eso de cantar? ¿Cómo que eso de cantar?

—Vamos, todo el mundo sabe que es lo que siempre quisiste hacer —contestó. Cogió la caja de herramientas que había ido a buscar—. La verdad es que tienes una voz muy bonita.

Miley lo tanteó:

—Gracias. Me lo dicen mucho. Bueno, y... ¿qué te ha parecido la canción? La he escrito yo.

—¿Qué canción? —preguntó Travis.

—Eso que estaba cantando ahora mismo —contestó Miley. Frunció un poco el ceño—. ¿No te acabo de decir que lo he escrito yo?

Travis esbozó una gran sonrisa y asintió, animándola.

—Y me pareció que dabas con casi todas las notas, así que..., ánimo, Miley.

Le hizo una seña con el pulgar levantado y empezó a bajar la escalera.

—*¡¿Casi todas?!* —exclamó ella. Se levantó y lo siguió corriendo—. Entonces, ¿por qué no te ha gustado? —quiso saber en cuanto logró alcanzarlo.

—Hay que ver, Miley —respondió Travis—. Tampoco dije que no me gustara.

—Bueno, pero está claro que tampoco dijiste que te gustara —añadió Miley.

Él se encogió de hombros:

—No estaba mal —contestó—. Lo que pasa es que no era...

—¿Buena? —sugirió ella.

—... Sobre *nada* —dijo—. No me decía quién eres. Lo que sientes.

Ella lo miró con los ojos entornados:

—¿Sabes lo que siento ahora? —preguntó.

—Me lo imagino —sonrió—. Lo siento. Tú me has preguntado.

Sacó su martillo y comenzó a trabajar en el viejo gallinero, mientras Miley se sentaba en el suelo enfurruñada:

—Ni siquiera sé por qué te molestas con eso —dijo.

—Voy a montar un negocio con los huevos —explicó—. Ruby y yo hemos hecho un trato. Si arreglo el gallinero, puedo vender los huevos—. Miley miró el gallinero. Estaba claro que había vivido tiempos mejores.

—Lleva mucho trabajo.

—Bueno, por algo se empieza, ¿no? —arrancó una tabla podrida del marco—. La vida es dura... —dijo con una sonrisa—. Pero merece la pena.

—¿De verdad que eso es lo único que quieres hacer? —preguntó Miley—. ¿Vender huevos en Crowley Corners?

—¿Y dónde iba a venderlos? —preguntó Travis, muy razonable.

—No me refería a eso —respondió ella.

—Ya sé a qué te referías —asintió—. Lo que pasa es que no entiendes nada de este lugar, ¿verdad? —se quedó mirándola un instante, después dejó su martillo—. Venga —dijo—. Vámonos.

Se acercó a la cuadra y comenzó a desatar los caballos.

—¿Adónde vamos? —preguntó Miley.

Él cogió un sombrero de vaquero de la valla y se lo puso en la cabeza:

—A enseñarte lo que te estás perdiendo.

Minutos más tarde, Miley seguía a Travis por los campos de Tennessee. Cruzaron una finca al galope. Después, desmontaron y ataron los caballos, y atravesaron el bosque andando hasta llegar a un estanque. Miley se quedó mirando, encantada:

—¡Es nuestro sitio! —exclamó—. Solía escaparme todo el rato para venir aquí. Incluso había olvidado que existía de verdad. Mira, ahí está la roca de los saltos. Y el fuerte solía estar por allí. ¿Recuerdas? Y nuestro columpio... —agarró un viejo pedazo de cuerda atado a una rama—. Sigue aquí. ¡Es nuestro columpio!

Travis agarró la cuerda con una gran sonrisa y se asomó hacia el agua:

—Bueno, ¿qué opinas? —preguntó—. ¿Lo intentamos? Todavía parece...

No tuvo tiempo de acabar la frase, porque la cuerda se partió y él cayó al estanque salpicándolo todo. Salió riéndose y, al cabo de unos instantes, Miley y él ya habían anudado una nueva cuerda y estaban listos para columpiarse.

Con ayuda de Travis, Miley no tardó

mucho en comprender lo que se había estado perdiendo..., y en recordar que la vida es algo más que la música de las listas de éxitos y los centros comerciales. Y Miley, a cambio, ayudó a Travis con el gallinero al regresar a la granja.

Miley también siguió trabajando en la letra de su nueva canción.

Aún echaba un poco de menos a Hannah, pero de pronto tenía muchas más cosas en la cabeza..., incluido Travis.

Capítulo Décimo

Pronto llegó el sábado, el día de la gran recaudación de fondos, y resultó que Miley, al final, lo estaba pasando muy bien. Para empezar, vio a su padre cantando sobre un escenario, algo que no hacía muy a menudo, se dio cuenta, desde la aparición de Hannah Montana. Lo acompañaba un grupo local, con Travis a la guitarra.

Cuando el señor Stewart terminó su canción, el público comenzó a aclamarlo y a aullar, y Travis agarró el micrófono, gritando:

«¡Robby Ray Stewart! ¡Es estupendo volver a verle, señor!».

Miley aplaudió a su padre y observó cómo Lorelai subía a darle un gran abrazo de felicitación. Sin embargo, en cuanto el señor Stewart vio a Miley, se apartó con un gesto incómodo. Lorelai parecía herida, y Miley se quedó desconcertada.

—¿Qué le pasa a mi padre? —preguntó Miley a su abuela Ruby—. No es la primera vez que sale con alguien.

—A lo mejor empieza a significar algo otra vez —sugirió Ruby.

Después, arrugó la nariz cuando se acercaron el primo Derrick y Jackson:

—Jackson, sueltas una peste que llevaría a una mofeta a tirarse al monte —dijo.

—Será que me he pasado con la colonia —contestó Jackson. Después se inclinó hacia Miley—. Un mapache me ha vomitado en los zapatos. Mi trabajo es un asco. Mi vida es un asco. Yo soy un asco —protestó.

Sacudió la cabeza y luego vio que se acercaba su padre.

—¡Voy a abalanzarme sobre ese pastel de frutas! —anunció, y rápidamente se dio media vuelta para marcharse.

Mientras Jackson se alejaba a toda velocidad, el señor Stewart se acercó y se sentó a la mesa de Miley. Ella se quedó mirándolo un instante.

—¿Qué? —preguntó él por fin.

—Te gusta —respondió Miley, señalando a Lorelai con la cabeza—. A ella le gustas tú. ¿Por qué tienes que complicarlo todo?

—Miley, lo que pasa es que no entien... —comenzó su padre. Después se quedó callado de pronto—: ¿Cómo sabes que le gusto?

Miley levantó la vista hacia el cielo:

—Porque si no le gustas es que está mal de la cabeza.

Su padre esbozó una media sonrisa:

—Ahí sí que tienes razón —dijo.

Ella le dio un golpe juguetón en el hombro:

—Puede que quieras ayudarla. Con todos los cascos vacíos y eso...

El señor Stewart se sonrojó, después siguió su consejo.

Se acercó hacia donde Lorelai estaba clasificando botellas:

—Perdona por lo de antes —dijo, refiriéndose al abrazo—. Ahí fuera. Es que..., se supone que el viaje es para Miley, no para mí.

—¿Se te ha ocurrido pensar que las dos cosas puedan estar relacionadas? —preguntó Lorelai.

El señor Stewart se quedó pensándolo un momento. No se le había ocurrido verlo así.

—Tienes razón —dijo—. A veces complico las cosas más de lo necesario. Es solo que nuestra familia está... más unida que la mayoría, es más...

—¿Reservada? —sugirió Lorelai—. Ya me he dado cuenta.

El señor Stewart no sabía qué contestar.

—Mira —dijo ella—, tú tranquilo. En serio. Cuando sea el momento apropiado, avísame —le dedicó una cálida sonrisa y después añadió—: Bueno, ¿qué tal Miley?

El señor Stewart miró hacia el interior del pabellón y vio que Travis sacaba a bailar a Miley:

—Me da la sensación de que a ella... —sonrió a Lorelai—. De que *a los dos* nos va a ir muy bien.

En el interior del pabellón, Miley y Travis bailaban una canción lenta... y a Miley le hubiera gustado que la canción durara toda la noche. Por supuesto, no fue así. Cuando quiso darse cuenta, la canción había acabado y Travis dio un paso atrás para mirarla a los ojos lleno de ilusión.

—Eh, Miley, vamos. Ahora puede cantar cualquiera —dijo—. ¿Quieres probar?

—No, no. Tranquilo —contestó. ¿Cantar en público? ¿Como Miley? Aquello era demasiado peligroso—. Gracias. A mi padre no...

—Solo es para pasarlo bien, nada más —dijo Travis.

Entonces saltó al escenario y agarró el micrófono.

—¡Creo que tenemos aquí a una voluntaria! —anunció—. ¡Aquí mismo! ¡Adelante, Miley, sube!

Miley sintió que todas las miradas se dirigían a ella. Tragó saliva y pensó en su padre, pero..., ¿qué podía decir? Lentamente se acercó y tomó el micrófono que sujetaba Travis.

—Tú déjate llevar y diviértete. Verás cómo les gusta —le dijo.

Casi tenía gracia, pensó Miley, su modo de tranquilizarla a *ella*..., ¡a Hannah Montana! Casi. Pero claro, lo cierto era que estaba nerviosa. Hacía mucho tiempo que no cantaba como Miley. Pero ahora no le quedaba otra elección.

—Hola a todos —dijo, saludando tímidamente al público. Respiró hondo, después se lanzó.

—Si no os importa, creo que voy a añadir un poco de *hip-hop* a esta fiesta —anunció.

Comenzó a dar palmas a un ritmo que el grupo empezó a imitar, y pronto el público los acompañaba. Fuera, en el porche, el señor Stewart y Lorelai seguían hablando. Pero no tardaron mucho en sentir la energía que salía de allí dentro.

El señor Stewart se asomó al interior del pabellón de baile.

—*¡¿Miley?!* —exclamó.

Cuando llegó a la pista de baile, Miley tenía a todo el público levantado y siguiendo sus movimientos. Lo estaban pasando muy bien... y Miley también. Aun así, el señor Stewart se puso un poco nervioso. Aquello no era precisamente su idea de pasar inadvertido. Por otro lado, había dicho que quería volver a ver a su chica de pueblo. Y ahí la tenía, desde luego... A lo grande.

Miley terminó el número con un último pisotón de su bota y la multitud enloqueció.

—¡Nuestra Miley Stewart, gente! —aulló Travis.

Miley esbozó una amplia sonrisa, disfrutando de los aplausos de todos menos de la abuela Ruby, que tenía los ojos puestos en el promotor, que acababa de entrar en el local.

—¡Qué cara tiene para venir aquí! —exclamó, acercándose al señor Bradley.

—Lo siento, creí que esto era una actividad dirigida a toda la comunidad —respondió el señor Bradley.

—Comunidad —la abuela Ruby prácticamente escupió las sílabas—. Ni siquiera sabe lo que significa esa palabra.

—Sí sé que su idea de comunidad es cosa del pasado —respondió él—. ¿Cuánto han recaudado esta noche? ¿Mil dólares? ¿Dos mil? Bueno, lo que quiera que sea, voy a doblar esa cantidad.

Un murmullo recorrió la multitud, pero la abuela Ruby le espetó:

—No queremos su dinero.

—Vale —dijo él, y se encogió de hombros—. Porque, en el fondo, no importa. Pueden organizar cien cosas como esta..., pero jamás conseguirán recolectar el dinero que hace falta para comprar los prados. A no ser que aparezcan Los Beatles para ofrecer un concierto benéfico —fingió quedarse pensativo y después añadió sarcásticamente—: Uy, un momento, hay un pequeño problema... —soltó una risita.

De pronto, Travis se giró hacia Miley. Ella sabía lo que estaba pensando..., y rápidamente se dio media vuelta.

—Así que cuanto antes acepte lo inevitable —continuó el señor Bradley—, antes...

—¡Miley conoce a Hannah Montana! —gritó Travis de pronto.

Toda la estancia quedó en silencio, y Miley volvió a darse la vuelta para lanzarle una mirada de «¿Se puede saber lo que estás haciendo?».

—Miley salvó la vida de Hannah haciendo *surf* —continuó Travis, ignorándola. Son amigas íntimas. Ella podría ayudarnos. Quizá podría ofrecer un concierto. Así recaudaríamos un montón de dinero —asintió, mirándola con una sonrisa—. ¿Miley? —preguntó.

Le pareció que cada rostro en la multitud se volvía hacia ella para mirarla lleno de esperanza.

¿Cómo podía decir que no? ¿Y cómo había podido dejar que Travis la pillara en una mentira tan grande?

Devolvió una sonrisa tímida:

—Supongo que podría llamarla...

Capítulo Undécimo

Aquella noche, Miley se puso a trabajar en su canción para intentar olvidar el lío en el que se había metido. Pero seguía aturdida. Su padre la halló en el porche y se sentó a su lado.

—Hola, oruga —dijo—. ¿Qué tal va la canción?

—No demasiado bien —suspiró ella—. Supongo que aún no sé muy bien lo que quiero contar.

—Tú déjate guiar por tu corazón, cariño —dijo el señor Stewart—. Ya llegará.

Miley se mordió el labio, luego dijo:

—Jamás debería haber hablado de Hannah a Travis. Yo no quería que sucediera todo esto.

—Ya sé que no querías —dijo su padre con voz suave. La rodeó con el brazo y la estrechó para consolarla—. Ya nos ocuparemos de eso. Al menos es por una buena causa.

—¿Y qué pasa con el reportero? —preguntó ella, refiriéndose a Oswald. Ella sabía que seguía en el pueblo y que *jamás* se marcharía cuando se enterara de que Hannah Montana iba a tocar.

—Lo que de verdad debería preocuparnos es cómo vamos a traer aquí a Hannah —respondió el señor Stewart.

Miley esbozó una sonrisa culpable.

Su padre entornó los ojos:

—¿Se puede saber lo que has hecho ahora?

***

A la mañana siguiente, la pregunta del señor Stewart recibió su contestación cuando una limusina larga y negra cruzó el pueblo. Detrás corría una docena de chicas, con sus cuadernos de autógrafos en la mano.

—¡Hannah! — le gritaban—. ¡Hannah Montana! ¡Hannah!

Cuando la limusina aparcó delante de la casa de la abuela Ruby, Miley bajó las escaleras saltando para recibirla.

—¡Ha venido! —gritó Miley—. ¡No sabía si vendría de verdad!

Entonces se abrió la puerta de la limusina... y salió Lilly, llevando una peluca de Hannah Montana y grandes gafas de sol. Miley se acercó corriendo para darle un abrazo, y Lilly le devolvió el abrazo, aunque no con tantas ganas como lo hubiera hecho antes de su fiesta.

—¡Gracias! ¡Gracias! ¡Gracias! —exclamó Miley.

Lilly se encogió de hombros:

—Vita dijo que podía quedarme con la ropa —respondió.

Entonces Vita salió de la limusina y miró a su alrededor.

—Qué rústico —dijo—. ¡Me encanta! Miley, todo este enfoque de «estrella del pop salva un pueblo» es genial. No tan genial como para perdonarte por haberme dado plantón en Nueva York y lograr que casi me despidan, pero genial de todas formas.

Miley sacó la maleta de Lilly del maletero, muy contenta, y la guió hasta al porche para presentarle a la abuela Ruby. Después, en seguida, la invitó a entrar en la casa.

Arriba, en la habitación, Miley intentó reparar el daño que había causado.

—Lo siento *muchísimo* —dijo, cogiendo las

manos de Lilly—. Eres la mejor amiga que he tenido en mi vida. Cuando creí que no volverías a hablarme..., que podía perderte para siempre...

—Oye, no podrías perderme aunque quisieras —Lilly esbozó una gran sonrisa, se quitó la peluca y se la entregó a Miley.

—Bien —dijo Miley—, porque no quiero.

Entonces las dos amigas se abrazaron.

—Ah, y oye, siento haber hablado con el reportero —contestó Lilly al cabo de un momento.

—¿Cómo? —Miley se apartó de ella—. ¡¿Que *tú* eres quien habló con el reportero?! Lilly, ¿cómo has podido?

Lilly se quedó mirándola:

—Creí que este era uno de esos momentos de «Lo sientes. Lo siento».

Miley respiró hondo y asintió.

—Lo es. Y lo siento —volvió a abrazar

a Lilly—. Lo juro. Hannah jamás volverá a interponerse entre nosotras.

De pronto, alguien llamó a la puerta de Miley con fuerza.

—¿Miley? —llamó Lorelai.

—¿Sí? —contestó Miley.

—¿Puedo hablar contigo y con Hannah un minuto?

Las chicas se quedaron heladas de pánico; después, Miley rápidamente lanzó la peluca de Hannah a Lilly de nuevo.

—¿Miley? —llamó Lorelai de nuevo desde el pasillo—. Es bastante importante.

Por fin, Miley abrió la puerta.

—Lo siento —se disculpó Lorelai al ver a «Hannah» tumbada en la cama. Tenía una toalla mojada encima de la cabeza, que tapaba la cara de Lilly—. No me había dado cuenta...

—Tranquila —susurró Miley—. Es solo una de esas cosas desestresantes por las que tiene que pasar. La ayuda con el desfase horario.

—¿Desfase horario? —Lorelai parecía desconcertada—. Pero si California está solo a dos horas...

—Hannah solo vuela de este a oeste —añadió Miley rápidamente—. Así que a veces tiene que venir por el camino largo. Gana tiempo —sonrió Miley—. De hecho, está cada vez más joven. ¿Querías algo? —preguntó.

Lorelai se acercó de puntillas a la cama y se inclinó sobre Lilly:

—¿Hannah? —dijo en voz baja—. Soy Lorelai. Te estamos muy agradecidos por haber venido.

—Si necesitas cualquier cosa para... —comenzó Lilly amablemente.

Entonces Miley, de pronto, le agarró el pie y lo retorció... con fuerza.

—Masaje de pies —dijo Miley a Lorelai, con una gran sonrisa—. Puntos de presión. Alivia el desfase horario. Típico de Los Ángeles.

Lorelai asintió como si aquello tuviera algún sentido y volvió a girarse hacia Lilly:

—No puedo creer que tenga que pedirte otro favor, pero...

—Pide, pide —respondió Lilly alegremente—. Hay un...

Se calló cuando Miley, de pronto, volvió a retorcerle el pie.

—También se supone que no debe hablar —explicó Miley rápidamente.

En aquel momento, el señor Stewart llamó desde abajo:

—Miley. ¿Estás ahí arriba?

—Él no lo sabe —dijo Miley sin pensar. Después, cuando se dio cuenta de que Lorelai lo había oído, añadió—: Que ha venido

Hannah. Se va a emocionar un montón. Tengo que decírselo.

Bajó la vista hacia Lilly. Pero, ¿cómo iba a marcharse?

Lorelai, como leyéndole el pensamiento, tomó el pie de Lilly:

—Yo te sustituyo —dijo con voz dulce.

Miley miró a Lorelai, después otra vez a Lilly.

—Vale —dijo—. ¡Pero nada de hablar!

Bajó corriendo las escaleras y salió al porche delantero.

—¿Papá? —llamó. Entonces vio que su padre estaba subiendo por una escalera hacia su ventana—. ¡Papá! ¡No! ¡¿Qué haces?! —exclamó.

—Arreglar los canalones de la abuela —respondió él tranquilamente—. Sujeta la escalera —señaló al huerto que tenía detrás—. Espero que no me den calabazas.

Mientras Miley corría a ayudar a su padre, Lilly se lucía en el piso de arriba con su interpretación de una Hannah muda.

Por suerte, Lorelai hablaba por las dos.

—Así que el alcalde quiere organizar una gran fiesta esta noche en tu honor —dijo—. He pedido que me traigan unas langostas de Maine solo para ti. Claro que no tiene mucho sentido si no puedes asistir.

Seguía frotando el pie de Lilly, después sonrió cuando Lilly lanzó un gemido:

—¿Eso ha sido un sí? —preguntó Lorelai emocionada.

Lilly se quedó helada. No había sido su intención emitir ningún sonido..., pero el masaje de pie de Lorelai era muy agradable. Sin embargo, ahora no podía retirarlo. Así que asintió y volvió a gemir, justo cuando el señor Stewart alcanzó la ventana y se asomó.

Volvió a bajar las escaleras corriendo:

—¡¿Qué hace Lorelai frotándole los pies a Hannah?! —preguntó a Miley.

—Técnicamente, son los pies de Lilly —puntualizó Miley.

—¡Quieta aquí! —le ordenó el señor Stewart mientras entraba en la casa. Pensaba llegar hasta el fondo de aquel asunto... él solo.

Entró rápidamente en la habitación y cogió a Lorelai de la mano:

—Vamos, por qué no dejas tranquila a Hannah y...

—*Chist* —susurró Lorelai. Señaló a la cabeza rubia—. Creo que está dormida. ¡Pero ha dicho que sí! —continuó, feliz—. Vendrá a la cena del alcalde. Yo era la encargada de conseguir que apareciera, y ha dicho que sí. Tú irás, ¿verdad?

De pronto, el señor Stewart dejó de pensar

en la última triquiñuela de Miley y Lilly y se centró en Lorelai.

—No lo sé —dijo—. ¿Me lo estás pidiendo tú?

Lorelai sonrió:

—Sí, me temo que sí.

—Bueno, pues entonces yo acepto.

Capítulo Duodécimo

Más tarde, aquel día, cuando Miley y Lilly estaban en la cocina saboreando una hornada de galletas de la abuela Ruby, Lilly miró por la ventana y se encontró a Travis trabajando cerca de la valla.

—Yo quiero un vaquero —dijo, suspirando.

Miley siguió su mirada y frunció el ceño:

—Ese está cogido —contestó a su amiga.

—¡¿En serio?! —Lilly se volvió hacia Miley con una enorme sonrisa.

—Sí —asintió Miley. Después se mordió el labio—. No. Puede. No lo sé... Parece que vamos a ser «solo amigos» —se encogió de hombros, después se animó cuando se le ocurrió una idea—: ¡Aunque aún no ha conocido a Hannah!

Miró a Lilly y vio que ella estaba pensando lo mismo.

Quizá hubiera llegado el momento de que Travis conociera a Hannah Montana...

Al cabo de un momento, Lilly salió de la casa con Hannah Montana y fue derecha a donde Travis estaba trabajando.

Travis se dio la vuelta, claramente nervioso al ver a Lilly y Hannah a su lado.

—Ah, hola —tartamudeó—. Soy Travis. Gracias por venir —dijo a Hannah.

—Me alegro de poder ayudar —contestó Miley. Sonrió con su más amplia sonrisa de

Hannah—. Esta es Lilly. Es mi... ayudante.

—Ayudante *ejecutiva* —la corrigió Lilly.

—Bueno, bienvenidas a Crowley Corners —dijo Travis.

—La verdad es que sería estupendo tener a alguien que nos enseñara todo —dijo Lilly cordialmente.

—Vaya, qué sutil —murmuró Miley en su oído.

Pero Travis se hizo el remolón:

—La verdad es que no creo que yo sea la persona que estáis buscando —dijo, un tanto incómodo—. Pero me alegro de haberos conocido.

Sonrió educadamente y volvió a su trabajo.

Miley se quedó boquiabierta. Las cosas no solían funcionar así con Hannah Montana. Notó cómo Lilly la empujaba hacia Travis, pero no sabía qué decir.

—Entonces, ¿estás instalando una antena parabólica? —logró soltar por fin.

—Es un baño para pájaros —dijo Travis.

—Ya lo sabía —contestó Miley, mientras Lilly soltaba una risita por detrás—. Lilly, ¿puedes buscar a la dueña de esta casa y explicarle mis necesidades dietéticas? —dijo sin darse la vuelta.

Lilly se quedó mirándola sin reaccionar.

—*Vete* —pidió Miley, espantándola con un gesto de la mano—. Ayúdame.

Lilly se alejó a regañadientes y dejó a Miley a solas con Travis.

—Entonces, ¿Miley y tú sois buenas amigas? —preguntó él, tras una pausa incómoda.

—Ni te imaginas —respondió Miley.

—No hace falta que me contestes si es demasiado personal, pero... —Travis se quedó dubitativo, luego se lanzó—: ¿Tú crees que saldría conmigo si se lo pido?

Miley tuvo que hacer grandes esfuerzos para poder sonar despreocupada:

—¿Quieres salir con Miley? ¿Por qué no se lo has pedido?

—No quiero arriesgarme a estropearlo todo si no le gusto de esa manera —explicó él.

—Es que le gustas *un montón* de esa manera —contestó Miley ilusionada. Después ladeó la cabeza—: Espera, ¿de verdad prefieres estar con *Miley* antes que enseñar el pueblo a *Hannah Montana?*

Él bajó la cabeza con una gran sonrisa:

—Tú eres alucinante, no me malinterpretes, pero *Miley*... Cuando estoy con ella no puedo evitar sonreír. Pienso en ella todo el tiempo.

—¿Y por qué me cuentas todo esto *a mí?* —preguntó Miley con una carcajada—. Ve y pídele una cita.

—¿En serio? —preguntó Travis. Se dirigió hacia la casa—. Vale, voy a...

—¡No! Quiero decir que no está aquí —dijo Miley rápidamente. Fingió llamarse a sí misma—: ¡¿Miley?! —después se encogió de hombros—. ¿Lo ves? No está aquí. Creo que hablaba de cepillar a Blue Jeans en el establo. Sí. Establo —lo empujó en aquella dirección—. Ve a mirar. Ve, ve, ve.

Travis parecía desconcertado, pero hizo lo que le pedían, y Miley regresó corriendo a la casa, pasando a toda velocidad por delante de la abuela Ruby y de Lilly.

Travis registró el establo. Pero no encontró a Miley y regresó en seguida.

Lilly lo encontró en el porche.

—¿Has mirado en la cocina? —sugirió.

Travis se encogió de hombros y entró..., justo cuando Miley estaba saliendo por la ventana, y bajaba por el enrejado al suelo.

—Como estropees mis rosas te vas a enterar, jovencita —le advirtió la abuela Ruby.

Miley tocó tierra y echó a correr, mientras Travis volvía a salir, cada vez con aspecto más desconcertado.

—¿Has probado en el gallinero? —sugirió la abuela Ruby.

Con un suspiro, Travis volvió a dirigirse hacia allí.

—¿Miley? —llamó al llegar allí—. Miley, estás...

—¡Qué tal, perezoso! —dijo ella saliendo de detrás del gallinero sonriendo y disimulando su jadeo, con un par de brochas en la mano.

Le entregó una.

—Acabo de hablar con tu amiga Hannah... —dijo Travis lentamente mientras comenzaba a pintar—. De hecho, hemos hablado de ti.

—¿De verdad? —Miley intentó parecer sorprendida—. ¿Querías preguntarme alguna cosa? —se reprimió—. Quiero decir..., ¿contarme? ¿Hablar de algo?

Travis hollaba la tierra con el pie.

—Sé que pronto tendrás que volver a tu casa y...

—¡Sí! —gritó Miley. *«Uy»,* pensó, «creo que me he precipitado un poco»—. Sí, así es, Travis —dijo con más calma—. Sigue.

—Me preguntaba... —empezaba a sonrojarse—. No sé si... ¿Te gustaría salir a cenar conmigo esta noche?

Miley no gritó, ni dio volteretas o saltos de alegría. En lugar de eso dijo:

—¿Esta noche? Sí, claro. Creo que no tengo ningún plan.

Travis sonrió, aliviado:

—Guay —dijo.

Más adelante, aquella tarde, Miley estaba

paralizada delante del espejo, sujetando un vestido, mientras su padre estaba de pie junto a la puerta.

—¡¿Cómo que no puedo ir?! —preguntó.

—Oye, has sido tú la que ha prometido a Lorelai que Hannah sería la invitada de honor en la gran juerga del alcalde esta noche —dijo.

—No, fue Lilly —protestó Miley. Se volvió hacia su amiga, que estaba sentada en la cama.

—De hecho, fue Hannah —comentó Lilly.

Miley le lanzó una mirada, después volvió a girarse hacia su padre:

—Pero yo se lo prometí a Travis —dijo.

—¿Sabes qué? —preguntó su padre—. Lo voy a dejar a tu elección. Creo que debes hacer lo que creas que está bien.

Y tras pronunciar aquellas palabras se marchó.

Miley hizo una mueca. ¡Odiaba que su padre dejara las cosas para ella y su conciencia!

Miró su caja de Hannah, allí abierta sobre su tocador; después volvió a mirar su reflejo en el espejo. «¡¿Por qué la cena de Hannah con el alcalde y su cita con Travis tenían que ser la misma noche?!».

Capítulo Decimotercero

A las seis en punto, Miley se dirigió hacia el ayuntamiento en el asiento trasero de la limusina de Hannah. Había decidido que era imposible perderse la cena del alcalde. ¿Pero quién decía que no podía salir a cenar con Travis también?

A través de la ventanilla de la limusina vio a Travis, que la esperaba en el elegante restaurante italiano del otro lado de la calle. «Tendrá que esperar un poco más», pensó, mientras salía del coche.

Una multitud de fans la rodeó mientras avanzaba hacia el ayuntamiento. Una vez dentro, posó para la típica sesión de fotos con el alcalde y su mujer.

—¿Dónde está Miley? —preguntó Lorelai al señor Stewart y la abuela Ruby, mirando el reloj—. Debería estar aquí.

—Tiene la enfermedad del Nilo occidental. La pilló en la costa este —respondió la abuela Ruby, asintiendo con gesto triste.

Lorelai levantó una ceja, pero el señor Stewart habló antes de que ella pudiera seguir preguntando.

—*Uf* —dijo—. Ese virus está por todas partes. Creo que viene hacia Tennessee.

Mientras los invitados tomaban sus asientos, el alcalde hizo tintinear su vaso para soltar un discurso.

—¡Siéntense! —exclamó. Se volvió hacia Hannah—. Y deje que le diga, sinceramente, que el hecho de que alguien con su talento, una verdadera estrella, se interese por nuestro humilde rinconcito del mundo, bueno..., señorita Montana, Hannah, si me lo permite, lo que intento decir es... —hizo una pausa—. ¿Qué intento decir?

—Que no sabemos cómo agradecérselo —le sopló Lorelai rápidamente.

—¡Eso es! —el alcalde esbozó una gran sonrisa—. Y si necesita alguna cosa... —se giró hacia el asiento de Hannah, que de pronto estaba vacío.

Hannah estaba de pie junto a la ventana, mirando al otro lado de la plaza. Veía a Travis, que seguía esperándola pacientemente..., mejor dicho, esperando a Miley.

Miley suspiró. Entonces se dio cuenta de que toda la habitación la estaba mirando. Repasó las últimas palabras del alcalde en su mente:

—¿Necesitar? —dijo—. Bueno..., solo necesito ver qué tal están mis fans.

Abrió una rendija de la ventana y dejó entrar el sonido de los gritos de sus fans.

—¿Lo ve? —esbozó una gran sonrisa—. Me necesitan. Yo los necesito a ellos. Pero..., ¿sabe lo que realmente necesito? —añadió—. Usar el baño —miró a Lilly y la agarró de la mano—. ¡Tú conmigo!

Mientras Miley arrastraba a Lilly por la escalera de atrás, solo podía pensar en Travis.

—Dijo a Hannah tantas cosas bonitas de mí —suspiró—. Estoy impaciente por oír cómo me las dice en persona.

—Sabes que tú eres esa misma persona, ¿verdad? —le recordó Lilly. Después, señaló un armario de la limpieza—. La caja de Hannah está ahí dentro. Deprisa.

Hannah entró de un salto y cerró la puerta.

Un par de minutos más tarde, Miley salió de un salto.

—Volveré en seguida —dijo a Lilly—. Tú cúbreme.

Después, desapareció corriendo por las puertas giratorias del lateral del ayuntamiento, para evitar a todos los fans que esperaban delante. Nadie la vio marchar..., excepto una pequeña fan llamada Cindy Lou.

Minutos más tarde, Miley estaba sentada a la mesa delante de Travis.

—Siento llegar tarde —dijo.

—No llegas tarde. Es que yo llegué pronto —sonrió y después la miró más de cerca—. ¿Sabes que solo llevas un pendiente?

Miley se llevó la mano a la oreja, sorprendida.

—Es la moda en Los Ángeles —contestó, quitándose el pendiente.

—Supongo que muy pronto volverás allí,

¿verdad? —comentó Travis. Se mordió el labio, como pensando algo, después pareció decidirse—. Voy a lanzarme. Miley, antes de que te vayas..., quiero asegurarme de que sabes lo que siento por ti.

¡Riiiing! Miley se encogió cuando su teléfono móvil escogió aquel preciso instante para sonar. ¿Tenía Hannah que volver ya? Sacó su teléfono del bolso y miró la pantalla.

—¿Todo bien? —preguntó Travis.

«¡No, desde luego que no!», pensó Miley. Pero lo único que dijo fue:

—Tengo que contestar. Solo será un segundo, te lo juro —se levantó del asiento, abatida—. Seguro que tengo más cobertura en la parte de atrás —explicó.

Salió corriendo del restaurante y volvió a entrar por la puerta lateral del ayuntamiento. Después, tras volver a cambiarse rápidamente, regresó a la cena del alcalde vestida de Hannah.

—¿Qué les has dicho? —preguntó a Lilly, sentándose a su lado.

Lilly no tuvo tiempo de responder, porque la mujer del alcalde se inclinó hacia ellas. Dio a Miley unas palmaditas en el estómago:

—Siento lo de tu barriga —dijo—. A mí también me pasa cuando viajo.

—Sí, gracias —respondió Miley. Levantó la vista hacia el cielo, luego susurró a Lilly—: ¡¿Qué era tan importante?!

Lilly señaló el plato de Miley. Una enorme langosta la estaba mirando. Un camarero le ató una servilleta para langosta alrededor del cuello y el alcalde anunció:

—¡A hincar el diente!

—Bueno, Hannah —dijo Lorelai, que estaba sentada ante ella—. Debes de tener un montón de historias maravillosas que contar.

—No te creas —respondió Miley, mientras su mente volvía con Travis. Después vio la mirada severa de su padre—. Bueno..., lo que pasa es que hay tantas... Pero no quiero que esta noche todo se centre en mí —continuó Miley—. Todo el mundo tiene historias importantes. Jackson, tú acabas de empezar en la universidad, ¿verdad? Háblanos de tus clases.

—Ah, sí, mis clases —comenzó Jackson.

Miró a Miley con un gesto vengativo.

—Sí, Jackson, cuéntanos cuál es tu clase favorita, ¿vale? —dijo el señor Stewart, sonriendo.

Y mientras Jackson pensaba una respuesta, Miley volvió a escabullirse.

De nuevo en el restaurante, Miley se sentó delante de Travis y en seguida comprendió que algo iba mal.

Bajó la vista. ¡Oh, no! ¡Seguía llevando la servilleta para langosta!

—Voy a tomar langosta —dijo.

Travis repasó la carta:

—No aparece en la carta —respondió.

Miley se encogió, luego respiró hondo intentando tranquilizarse.

—Lo siento —dijo—. He tenido un par de días raros. Pero esto..., esto está bien —miró a Travis a los ojos—. Creo que sé algunas de las cosas que quieres decirme —dijo—. Y, para ser sinceros, también hay un montón de cosas que yo quiero decirte a ti... Pero van a tener que esperar —dio un respingo cuando, de pronto, vio que su padre salía precipitadamente del ayuntamiento—. ¡Voy a tener que comprobar lo de la langosta!

Miley esperó a que su padre se cansara de buscarla y volviera dentro..., entonces entró ella. Después de cambiarse rápidamente en el armario de limpieza, regresó al comedor..., donde el señor Stewart la estaba esperando.

—¡Siéntate! —gritó, señalando la mesa—. ¡Basta ya! ¡Nadie va a volver a levantarse! ¡Nadie! —exclamó.

Miley se sentó tímidamente mientras los invitados intercambiaban miradas incómodas.

—Y Jackson —continuó—, ¡para de contar historias sobre una universidad a la que ni siquiera asistes!

Jackson se quedó boquiabierto:

—Tú... ¿lo sabías?

El señor Stewart asintió:

—Siempre lo supe —contestó.

Jackson miró a su primo Derrick, al otro lado de la mesa.

—Sí —afirmó Derrick—. Toda la historia de la granja escuela... fue cosa del tío Robby...

—... Un castigo —dijo el señor Stewart.

—Lo siento, papá —Jackson tragó saliva, sin saber qué más decir—. De verdad que...

Lorelai intentó suavizar las cosas:

—¿Alguien quiere postre? —preguntó. Hizo una seña al camarero, que entró en la sala empujando un carrito.

—¿Habéis oído hablar de la tarta Alaska? Bueno, pues aquí está... ¡el flambeado Tennessee!

El camarero encendió una cerilla con una floritura y prendió todo el postre recubierto de merengue.

—Señor alcalde, supongo que querrá usted pronunciar unas cuantas palabras finales —añadió Lorelai.

El alcalde asintió..., ¡y en ese preciso instante el hurón del primo Derrick, Harlow, se acercó corriendo y le trepó por la pierna!

De pronto, el alcalde se estaba arrancando

los pantalones, Derrick perseguía a Harlow, el camarero se cayó encima de un carrito y el flambeado Tennessee había salido volando por toda la habitación.

Naturalmente, la mayoría de los invitados interpretaron aquello como un desastre. Pero Miley lo entendió como una oportunidad. Salió corriendo y se dirigió al armario de la limpieza. Por desgracia, la mujer de la limpieza estaba usando el pequeño cuarto. Pero a Miley no le importaba. Agarró su caja de Hannah y empezó a bajar las escaleras.

Cuando salía por la puerta giratoria de cristal, Miley se arrancó la peluca de Hannah y las joyas..., y después miró para encontrarse no solo con su pequeña fan, Cindy Lou, que la estaba observando, ¡sino también con Travis!

—Travis —llamó cuando él se dio media vuelta y comenzó a alejarse—. Deja que te explique.

—¿Que me expliques qué? —preguntó, volviéndose—. ¿Que te has estado riendo de mí? ¿Burlándote de mí? ¿Mintiéndome todo este tiempo? Yo he sido sincero contigo. Te he dicho lo que sentía.

—Pero yo siento lo mismo por ti —contestó ella.

—No, no es cierto —respondió él—. Porque yo jamás te habría tratado así. ¿Sabes una cosa?, olvídalo, Miley..., Hannah..., quien quiera que seas. Hemos terminado.

—¡Travis! ¡Travis, espera! —exclamó ella. Pero él se marchó sin más.

Miley bajó la cabeza y volvió a entrar por la puerta muy despacio. Ni siquiera podía mirar a Cindy Lou. Y no podía evitar a su padre.

—¿Lo has visto? —preguntó cuando la encontró junto a las escaleras.

—Sí, lo he visto —dijo él.

—¿Robby Ray?

Miley y su padre levantaron la vista. ¡Se acercaba Lorelai!

El señor Stewart subió las escaleras corriendo para encontrarse con ella:

—¡Ahora no, Lorelai! —exclamó—. Tenemos asuntos familiares que tratar.

Lorelai se paró.

—Lo siento —añadió él—. Están pasando cosas con Miley. Y con Hannah.

—Eso está claro —dijo Lorelai, frunciendo el ceño—. Esta noche ha sido un desastre. Yo lo organicé todo y esa chica lo ha estropeado. No me importa que haya venido a ayudar.

—Tiene una vida complicada —intentó explicar el señor Stewart.

Lorelai se quedó mirándolo fijamente:

—¿Qué está pasando, Robby Ray?

Él quería responder..., pero no sabía cómo.

—¿Sabes una cosa? —continuó—. No tengo mucho tiempo para secretos y mentiras..., y no creo que pudiera llegar a ser feliz con alguien que se siente tan cómodo viviendo con ellas.

—Y no tienes por qué aguantarlo —respondió él—. Siento no haberte contado la verdad. La verdad es... —se quedó callado. Quería ser sincero con Lorelai, pero no podía compartir el secreto de Miley—. No estoy en una situación que me permita mantener una relación —dijo en cambio—. Miley y yo... tenemos que resolver algunas cosas. Ella me necesita y ahora mismo yo tengo que apoyarla. Lo siento.

Lorelai asintió:

—Sí. Yo también.

Miley lo oyó desde abajo, en las escaleras, y no pudo evitar echarse a llorar.

❊❊❊

Mientras tanto, al otro lado de la plaza del pueblo, Cindy Lou estaba sentada en un banco con su libro de autógrafos vacío en las manos. Intentaba comprender todas las cosas extrañas que había visto, cuando de pronto apareció un cucurucho de helado junto a ella.

—No hubo suerte, ¿verdad? —preguntó Oswald, esta vez disfrazado de vendedor de helados.

—No —suspiró la niñita—. Pero la vi. Un montón de veces. No hacía más que entrar y salir por la puerta mágica..., pero cada vez que salía era alguien diferente.

—¿En serio? —a Oswald se le iluminó la cara.

Por fin, la piezas del puzle de Hannah comenzaban a encajar.

Capítulo Decimocuarto

El día siguiente amaneció gris y lúgubre..., como el humor de Miley. Aun así, salió en medio de la lluvia para trabajar en su nueva canción. Cuando dejó de llover, su padre salió a buscarla.

—¿Qué tal? —dijo, entrando en el cenador.

Se sentó a su lado, y juntos contemplaron la granja de la abuela Ruby. Estaba saliendo el sol y todo se veía fresco y verde.

—¿Estás enfadado? —preguntó Miley por fin, temiendo la respuesta.

—Qué va. Enfadado no —respondió su padre—. ¿Y tú?

—No —añadió Miley moviendo la cabeza.

—¿Qué tal va la canción?

—No lo sé —dijo Miley con un suspiro—. No estoy segura.

—¿De qué trata? —preguntó él.

—De ti. De mí. De nosotros —se encogió de hombros.

Después se decidió y comenzó a cantar.

—Ya no tengo más —dijo cuando la última nota, llena de sentimiento, se hubo apagado.

—Es buena, Miley —dijo su padre. Le dio un abrazo—. Es muy buena.

Después señaló con la cabeza su cuaderno:

—¿Qué más tienes ahí?

Miley lo cerró rápidamente.

—Ya lo verás —respondió—. Un par de cosas que tengo que intentar arreglar.

***

Al día siguiente, Lilly encontró a Miley dormida encima del gallinero. Había tardado toda la noche, pero lo había acabado para Travis.

—¡Miley! —chilló Lilly, despertándola de un susto.

Miley se cayó del tejado y aterrizó sobre una paca de paja.

—¿Es la hora? —preguntó Miley, sacudiéndose la hierba de la ropa.

Lilly sonrió:

—Sí. Es la hora.

Más tarde, un montón de gente atravesaba Crowley Meadows hacia un enorme y viejo escenario. Se sentía la emoción en el aire. La orquesta del colegio tocaba; los vendedores vendían comida; incluso había atracciones de feria y juegos. Y para disgusto del señor Bradley..., ¡la ubre de SALVAD CROWLEY MEADOWS estaba llena!

En el interior de un fastuoso autobús de giras, Miley estaba sentada mirando su caja de Hannah. Por primera vez en su vida, no le apetecía abrirla.

La abuela Ruby se sentó a su lado.

—Sé que ha sido duro llegar hasta aquí —dijo a Miley—. Pero lo que estás haciendo está muy bien. Deberías sentirte orgullosa de eso. Yo lo estoy.

Entonces, tomó la mano de Miley y colocó sobre ella una delgada cadena de oro.

—Esto era de mamá —dijo Miley, que había reconocido el collar.

—Ella también se sentiría orgullosa de ti —le dijo la abuela Ruby.

Dio a Miley un abrazo y la ayudó a ponerse

el collar. Después miró por la ventana del autobús.

—¡Repámpanos! —exclamó la abuela Ruby cuando pilló a Oswald intentando mirar dentro—. Es que hay gente que se te sube a la chepa y ya no hay manera de sacudírselos de encima.

Vita en seguida hizo que se lo llevaran unos guardias de seguridad. Pero Oswald no parecía demasiado preocupado.

—Te tengo pillada, querida —dijo a Vita muy satisfecho—. He visto a todos los que han subido al autobús. Claro que la auténtica diversión empezará cuando veamos quiénes se bajan —sonrió—. ¿Crees que a nuestra pequeña Hannah le va a hacer gracia?

—¿Por qué no se lo preguntas a ella? —preguntó Vita. Hizo un gesto de cabeza señalando por encima de su hombro y Oswald siguió su mirada. Aquella rubia en medio de la multitud..., ¡era Hannah Montana!

—¿Pero cómo...? —tartamudeó Oswald—. ¡Eh! ¡Tú! Vuelve. ¡Que alguien detenga a esa estrella del pop!

Vita sonrió al ver que alcanzaba a Hannah para descubrir que... ¡era Jackson con peluca!

—Hola —saludó Jackson—. ¿Querías comprar una peluca de Hannah? Todos los beneficios son para ayudar a salvar Crowley Meadows.

Jackson señaló a docenas de cabezas rubias entre la multitud. ¡De hecho, mirara donde mirara Oswald, se encontraba con más Hannah Montanas!

—No me gusta que la gente se meta con mi Hannah —dijo Vita, cuando ella y la abuela Ruby se acercaron por detrás.

—Y nadie se va de rositas si intenta hacer daño a mi Miley —añadió la abuela Ruby—.

Bueno, no quiero que causes más problemas, ¿entendido? —dijo a Oswald—. Basta ya de meter las narices donde no te llaman. De destruir algo que la gente ama. De tomar algo que es bueno y hacer que parezca malo. Te lo digo aquí y ahora. ¡No pienso permitirlo!

Entonces, de pronto, la multitud empezó a avanzar por delante de ellos, hacia el escenario. El concierto de Hannah Montana estaba a punto de empezar.

Por fin, Hannah Montana estaba de nuevo en el escenario. Pero, aunque sus fans estaban más entusiasmados que nunca, Miley no lo estaba. Mientras cantaba, bajó la vista hacia Lilly y su hermano, hacia su abuela Ruby y su padre, y sintió que le pesaba el corazón. Ellos siempre la apoyaban..., pero, ¿podía ella decir lo mismo? También vio a Lorelai, de pie y sola a un lado. Gracias a Miley llevaba desde la noche anterior sin hablar al señor Stewart y a Hannah. Y después vio a Travis. Suponía que había encontrado el gallinero terminado..., aunque le parecía increíble que hubiera asistido al concierto.

Miley cantó unos cuantos versos más y después se paró, muy triste:

—No puedo hacer esto —dijo.

El grupo dejó de tocar y la gente del público empezó a mirarse desconcertada.

—Lo siento —añadió Miley. Luego movió la cabeza—. Os sorprendería saber la cantidad de conversaciones que empiezo así. Me ha encantado ser Hannah —continuó—. Pero no creo que pueda seguir haciéndolo. Al menos no aquí, no con todos vosotros. El caso es que este es mi hogar. Yo vengo de aquí. Esta es mi familia. Y los sacrificios que se le pueden pedir a una familia tienen un límite —hizo una pausa para respirar hondo—.

La última vez que me subí a este escenario, tenía seis años. Era solo Miley —entonces levantó la mano y se quitó la peluca—. Y lo sigo siendo.

Miley esperó a que se apagara el coro de gritos sorprendidos.

—Hola, soy yo. He hecho daño a muchas personas, pero no lo he hecho a propósito —continuó. Su mirada se encontró con la de Travis—. Si no es demasiado tarde, me gustaría mucho tener una segunda oportunidad. Sé que habéis venido para escuchar a Hannah. Pero, si no os importa..., he escrito una canción para todos vosotros. Es bastante personal. Una canción sobre lo que he aprendido a lo largo de este último par de semanas. La vida es como una gran escalada —dijo, sonriendo—. Pero las vistas son estupendas.

Miley cantó y todo el público, incluido Oswald, se quedó hechizado. Era como si cantara desde el fondo de su corazón. Cuando hubo terminado, todos la aclamaron con todas sus fuerzas y no paraban de aplaudir.

—Gracias por dejarme vivir mi Hannah —dijo Miley. Había sido divertido, pero ya había terminado—. Adiós.

Entonces, se oyó una voz débil que gritaba entre la multitud:

—*Por favor,* sé Hannah. Te guardaremos el secreto.

Cuando Miley bajó la vista, se encontró con Cindy Lou, que la miraba con ojos suplicantes. Miley sintió que se le encogía el corazón, pero sacudió la cabeza.

—Es demasiado tarde —contestó—. No puedo...

—¡Claro que puedes! —gritó Travis.

Miley lo miró incrédula. ¿De verdad había dicho eso?

—¡Vuelve a ponerte la peluca! —exclamó Vita—. Jamás conseguirás vivir una vida normal si no lo haces.

—Nadie dirá nada —añadió Lorelai—. Tú viniste a ayudarnos. Has hecho que nos mantengamos unidos.

—¡Hannah es una parte de ti! —gritó Lilly—. ¡No la dejes marchar!

Miley no se lo podía creer. Incluso su padre sonreía y asentía. Hannah les había complicado la vida. ¿Cómo era posible que no quisieran dejarla marchar?

—¡Hannah! ¡Hannah! —comenzó a corear la multitud.

Miley estaba abrumada. Bajó la vista hacia su peluca de Hannah y comenzó a levantarla hacia su cabeza. Entonces vio a Oswald tomando fotos desde fuera del escenario.

—No —dijo Miley—. Por favor...

—¡Que alguien lo detenga! —gritó Lilly.

Aquella fue la señal para Oswald. Echó a correr. Pero Travis le cortó el paso.

—Cuidado —advirtió Oswald, mientras los amigos y la familia de Miley lo rodeaban. Levantó el teléfono, que contenía las fotos secretas de Hannah—. Un paso más y le doy a enviar —habló por el teléfono—. Tengo la historia, querida. Con fotos y todo.

En las oficinas de *Bon Chic,* Lucinda soltó una risita, encantada:

—Ay, Ozzie, ¡jamás dudé de ti! —exclamó—. ¿Cuál es el secreto?

Oswald se quedó dubitativo.

—No lo hagas, hombre —suplicó el señor Stewart.

Pero Oswald sacudió la cabeza.

—Lo siento, pero no hay nada en la Tierra que pueda impedirme...

—¡Papaíto! ¡Papaíto!

Oswald se dio media vuelta y se encontró

con sus hijas, que corrían hacia él, entre la multitud.

—Phoebe, Clarissa..., ¿qué hacéis aquí? —preguntó sorprendido.

—Esta señora tan amable lo organizó todo —respondió Phoebe, señalando a Vita—. Dos billetes gratis, en primera clase.

—Sí, pensé que a las chicas les gustaría tener un par de entradas gratis... —Vita sonrió.

—¿Es demasiado tarde? —preguntó Clarissa—. Acabamos de llegar. ¿Va a cantar otra vez? ¿Podemos conocerla?

—¡No puedo creer que esté tan cerca de Hannah Montana! —exclamó Phoebe entusiasmada—. Papaíto, por favor —suplicó—. ¡Me encanta Hannah!

Oswald, dividido, escuchó cómo Vita le susurraba al oído:

—¿De verdad vas a destruir sus sueños?

Porque eso es lo que Hannah representa. ¿Esa es tu historia?

Miró a sus hijas y después a Miley, y poco a poco comprendió el alcance de las palabras de Vita.

—No. Esa no es mi historia —dijo, por fin. Después, volvió a coger su teléfono—. Lucinda, apunta esto. La revista *Bon Chic* la dirige un súcubo desalmado que se ceba en las desgracias de los demás, y yo no pienso seguir aguantándolo.

Con la sensación de haber acabado con algo, Ozzie colgó su teléfono.

—Creo que acabo de despedirme —dijo.

El señor Stewart le dio unas palmaditas en la espalda mientras Vita llevaba a sus hijas delante del escenario:

—Algo me dice que Hannah todavía lleva unas cuantas canciones dentro —dijo.

En un momento, los únicos que quedaron

detrás del escenario fueron Miley y Travis.

—Bueno, qué me dices, mi Smiley Miley —dijo mientras le tomaba la mano—. ¿Lista para subir ahí arriba y pasarlo bien?

Ella sonrió:

—Vaya, creo que eres tan mentiroso como yo —se burló—. ¡Tú sigues colado por mí!

Travis se echó reír y dio un beso a Miley. Un beso que los dos llevaban mucho tiempo esperando.

Sonriendo, Miley se volvió y fue a ponerse la peluca de Hannah de nuevo.

Al cabo de unos instantes, Hannah volvió a subir al escenario y cantó su última canción, *Siempre encontrarás el camino de vuelta a casa.*

¡La multitud enloqueció!

—¡Buenas noches a todos! —gritó Hannah cuando cesaron los aplausos—. ¡Gracias por dejar que los sueños de esta buena chica de pueblo se hagan realidad!

El señor Stewart comprendió que algo iba mal.
La peluca de Hannah estaba en el camerino...,
¡pero faltaba Hannah!

—Lilly, relaaaaájate —dijo Rico—. Has contratado
a Rico para el abastecimiento de tu fiesta
de cumpleaños, y Rico siempre cumple.

—¿Es cierto que Hannah en realidad tiene cuarenta años..., que hace *playback*..., y creció en un barrio elegante de Nashville? —preguntó Oswald, el reportero, a Lilly.

Cuando por fin aterrizó el *jet,* Hannah salió posando:
—¡Hola, Nueva York! —exclamó, y después se dio cuenta de que en realidad estaba en Tennessee.

¡Miley no se podía creer que Jackson no estuviera yendo a la universidad!

—¿Tú eres el *capataz*? —preguntó
el señor Stewart a Lorelai, sorprendido.

Miley preguntó a Travis a dónde la llevaba.
—A enseñarte lo que te estás perdiendo —dijo él.

Miley se echó a reír cuando vio a Travis saltar al agua desde la cuerda.

—Creo que voy a añadir un poco de *hip-hop* a esta fiesta —dijo Miley al público.

—Así que el alcalde quiere organizar una gran fiesta esta noche en tu honor —dijo Lorelai a Lilly, que fingía ser Hannah.

Hannah saltó dentro del armario de las escobas y cerró la puerta. Al cabo de un par de minutos, Miley saltó fuera.

—¿Sabes que solo llevas un pendiente? —preguntó Travis a Miley.

—¿Cómo te está saliendo la canción? —preguntó el señor Stewart a Miley mientras recorría la granja de la abuela Ruby con la mirada.

—La última vez que pisé este escenario, tenía seis años. Era solo Miley —dijo a todo el mundo. Después, levantó la mano y se quitó la peluca—. Y lo sigo siendo.